佐藤俊樹著

不平等社会日本

さよなら総中流

中公新書

1537

中公新書 1537

佐藤俊樹著

不平等社会日本

さよなら総中流

中央公論新社刊

目次

第三章　選抜社会の空洞化――粘土の足の巨人……71

序章　『お嬢さま』を探せ！

究極の規準

もう一〇年ぐらい前になるだろうか。『お嬢さま』がマスコミの大きな話題になったことがある。『お嬢さま』ブームのはしりである。

なぜ『お坊ちゃま』ではなく『お嬢さま』かという疑問はとりあえずおいておこう。『お嬢さま』とは無縁の私にはそれこそ海の向こうの話だったが、今も強烈におぼえていることがある。たまたま手にとった雑誌の記事に、「今やお嬢さまの究極の規準はどこの病院で産まれたかだ」とあったのである。

それによると、本当の『お嬢さま』であるには、その辺――すみません！――の病院で産まれてはダメで、名のある病院で産まれてないといけない。たしか、信濃町の慶応大学付属病院とか山王病院とかがあがっていたと思う。

それを読んで、私は思わず「うーん」とうなってしまった。

うなったのにはもちろん理由《わけ》がある。

まず、あがっているのはすべて東京の病院であった。逆にいえば、「地方」出身者はそれだけで『お嬢さま』にはなれない。別に『お嬢さま』になりたいわけではないが、「地方」出身の私にとってはやはり不愉快だった。

それだけなら、まあよくあることだ。思わず「うーん」といったのにはもっと積極的な理由がある。産まれた病院という落としどころが、なんとも微妙で、なんというか、残念ながらよくできていたのである。

産まれた病院が究極的な規準だというのは、いいかえれば、それ以外の規準はあてにならないということである。『お嬢さま』の常識的なイメージは、東京なら渋谷区松濤《しょうとう》や田園調布や成城、関西なら芦屋みたいな高級住宅地にすみ、名門女子高校や名門大学をでて、高級車に乗っている、というあたりだろう（この想像力の貧困さにはわれながらうんざりするが……）。それらがすべてあてにならない、いくらでもゴマカシがきくというのである。

生まれと育ち

たしかに、高級車ならお金があれば誰でも買える。高級住宅地となると、ケタはちがうが、やはりお金を出せば買える。名門高校や名門大学になると、お金だけではなくて、勉強もできないといけないが、それでも本人が努力すればなんとかできる。

たんに「できる」というだけではない。実際に「そうしている」というのだ。地方から単身上京した人々が努力と倹約のすえに、高級住宅地や高級車を購入する、そして子どもには塾にいかせ家庭教師をつけたりして、名門高校や大学に進学させる。そういう成り上がりのニセ『お嬢さま』（ニセでも本物でもどうでもいいと私は思うが）がたくさんいないと、いや正確には、そう信じられていないとこういう話は出てこない。

逆にいえば、お金や表むきのステイタス、学歴などは本人の努力次第でなんとかなる——それが今から一〇年ぐらい前、一九八〇年代までの日本の常識だったのである。

それに対して、産まれた病院というのは、本人にはまったくどうしようもない。オギャーと一声さけんだときにはもう決まっているのだから。では親にとってはどうか？

たしかに親は病院を決めることができる。だが、例えば「地方」から上京して必死で働いている人間が、東京の一等地にある有名病院にいくとは考えにくい。むしろ手近な安上がりなところを選ぶだろう。そうやってお金を貯めて、高級住宅地や高級車や子どもの教育費を稼ぐわけだが、それではもうおそい。そこがこの規準のおそろしさ、いや残酷さである。

さらにもう一つ。あなたは自分が産まれた病院を知っているだろうか？ 私は知らない。おそらく親にきけばわかるだろうが、ぱっと思いうかびはしない。生命に別状なく産まれてきた以上、どうでもいいことだからである。たまたま近所なので知っているという人はいるだろうが、そうでもなければ、本人は知らないのがあたりまえなのだ。

それでも「あそこで産まれた」といえるとしたら、それはその有名病院が本人だけでなく、家族のかかりつけ、知りあいだからである。「いきつけの病院があそこだから」「ウチはあそこ以外の病院は考えられないから」、あそこだとわかる。『お嬢さま』当人が産まれただけでなく、祖父母や曾祖父母が亡くなった病院だったりするのである。

階層から社会を測る

この究極の『お嬢さま』規準は、そういう意味でたしかによくできている。だから、私も思わず「うーん」とうなったのだが、これは戦後日本社会における「もてる者」と「もたざる者」、「おカネモチ」と「ビンボー」の、落差というか、しくみというか、それをきわめてうまく描き出している。

もてる者ともたざる者、「おカネモチ」と「ビンボー」といったちがいを、社会学では「階層」とよんでいる。おカネモチ／ビンボーというのが具体的すぎるなら、社会における上／中／下のちがいといってもいい。

お金があるだけでは『お嬢さま』にはなれないように、階層の規準もお金、つまり収入や資産だけではない。どんな学歴をもっているのか、どんな職業についているのかも、重要な階層規準となる。どういう家《うち》に生まれたかも、もちろんその一つである。

いくつか規準があるとなると、当然、それらがどうからまりあっているのかも気になる。例えば、お金がある人は学歴も高いのか。あるいは、世間的に「えらい」とされる職業にもついているのか。実際、『お嬢さま』といわれるには、これらの規準すべてで上の方にいなければならないだろう。だとすれば、上の方ではどの規準も重なってくるのだろうか。こうした階層規準の重なりぐあい、専門的な用語でいえば、さまざまな地位の一貫性／非一貫性は階層を考える上で重要な焦点《ポイント》である。

さらにもう一つ、重要な点がある。これも『お嬢さま』という言葉からわかるように、上／中／下のちがいには、本人のだけでなく、親の収入や学歴や職業が密接にからんでくる。産まれた病院が究極の『お嬢さま』規準になるのは、これによって親が「成り上がった」人、つまり親の世代の努力で裕福になった人が排除できるからである。本人の収入・学歴・職業だけでは『お嬢さま』かどうか、決まらない。

裏返せば、本人の収入・学歴・職業などと親の収入・学歴・職業などがどうからんでいるのか――この本人の地位と親の地位との重なりぐあいは階層を考える上で、もう一つの焦点《ポイント》となる。そういうことを調査し研究しているのが「階層論」である。たとえていえば、地位のあり方という断面から社会を測量するわけだ。

疑惑の『お嬢さま』

さて、具体的なしくみの話にもどろう。

なぜ究極の『お嬢さま』規準がでてくるのか？　それは戦後の日本社会では『お嬢さま』が疑

惑の目で見られているからだ。世界に『お嬢さま』がいる社会はたくさんある。いない社会の方がめずらしいだろう。けれども、すべての社会の『お嬢さま』が疑惑の目で見られているわけではない。

例えばちょうど地球の裏側、チリの首都サンチアゴにも『お嬢さま』はいるが、そこでの『お嬢さま』は明らかに『お嬢さま』である。住んでいるところからちがう。上流の大邸宅は市の旧い中心部か小高い斜面、下層のバラックは低地と、はっきり区別されている。日本のように、「××が丘」が大量に造成されたり、「軽井沢」がアメーバのように膨張することはない。

逆にいえば、日本に究極の『お嬢さま』規準なるものが存在するのは、『お嬢さま』のふりができる、もっとはっきりいえば、努力すれば『お嬢さま』風に成り上がれると思われているからだ。親が努力すればそれなりの生活が手に入り、子どもも努力すれば名門の高校・大学をでてそれなりの仕事につける——そう信じられているからだ。

しかし、それだけではない。もし本当に「努力すればナントカなる」のであれば、『お嬢さま』自体が存在しない。努力すれば成り上がれるが、でもそこにはニセものと本物のちがいが厳然とある——。もう一方でそう信じられているからこそ、究極の『お嬢さま』規準みたいなものが考案されてしまうのである。

私が究極の『お嬢さま』規準に思わずうなったのは、この日本の階層社会の二重底が、見事に凝集されていたからにほかならない。平等信仰のなかにうかぶ、黒い暗点のような疑惑。「努力すればナントカなる」「努力してもしかたない」。戦後、いや明治以来、日本人の学歴観・職業観はこの二つの間をゆれうごいてきた。竹内洋があざやかに描きだしたように、このイメージはともに学歴社会や立身出世主義をささえてきたのだが、実際のところどちらが正しいのか？もっとも気になるのはやはりそこである。

戦後型システムの破綻

『お嬢さま』ブーム自体がそうであるように、この二重イメージはつねに日本社会の大きな関心事だったが、特に最近になってその重みをぐっとましつつある。社会の基本的なデザインにかかわる問題として浮上してきているからだ。

世紀末とまるで軌を一《いつ》にするように、九〇年代の日本では、それまで社会をささえてきたさまざまなしくみが破綻をみせた。バブルの崩壊、漂流する官僚主導型行政、金融不安、土建国家、超高齢化、……。戦後社会の構造疲労が指摘され、それにかわって、個人の選択にもとづく自己責任社会、自由競争の市場社会への転換がいわれている。

戦後社会がさまざまな点でゆきづまっているのは事実だろう。明治以来幾度となくくり返されてきた自信過剰と自信喪失のサイクルをこえて、私たちは今、あまりにも強い息苦しさと行くあてのなさを感じている。

だからこそ、自己責任や自由競争の市場社会への転換といった標語《スローガン》が声高にさけばれているわけだが、実際、企業や学校の現場で、戦後の集団主義はどうしようもなく崩壊しつつある。「あんたも苦しいが私も苦しい、だからここはお互い我慢しよう」といった言葉がもはや通じなくなっている。選択と自己責任の原理にうったえるしか、収拾しようのない事態がつぎつぎに起こっている。そのなかで私たちは自己責任型の社会への移行を余儀なくされている。

しかし、だからこそ、はっきり見定めなければならないことがある。それは選択と自己責任の臨界点である。一体どこまでが一人一人の選択し責任をとれる範囲なのか——それをなるべく多くの人々が納得できる形で決めなければ、いずれ必ず信頼崩壊を起こす。責任をとれないことまで責任をとらされれば、責任という観念自体が信じられなくなるからだ。

自分で決める社会というのは、自分では何が決められないかを正しく決める必要がある社会なのである。

「総中流」社会の崩壊

階層の問題もまさにそこにかかってくる。『お嬢さま』になることがよいことに思えたとしても、どんなに努力しても『お嬢さま』にはなれないのだとしたら、『お嬢さま』であるかないかで、決定的な差がつけられる社会であってはいけない。

「努力すればナントカなる」のか「努力してもしかたない」のか——戦後の日本社会はまさにそこを二重底にしてきた。憲法第九条と日米安全保障条約の「二重憲法体制」など、戦後社会はいくつかの二重底でつくられている。タテマエと本音というより、もっと現実的な共犯関係。戦後日本とはいわば「二重底社会」である。そのなかでも、「努力すればナントカなる／努力してもしかたない」の二重底は特に重要な位置を占める。

戦前までは、多くの人々にとって「努力すればナントカなる」は夢であり、「努力してもしかたない」のが現実であった。それが敗戦とその後の高度成長によって、「努力すればナントカなる」が急速に現実化していく。『お嬢さま』に成り上がれるような気もしてきた。その結果、国民の七割までが自分の社会的な地位を「中の中」と答えるという、「総中流社会」ができあがった——それが戦後の日本の、常識的な理解だろう。

これがどこまで事実かについては、第一章以降で本格的にみていくことにして、ここではもう一つ別の側面を指摘しておきたい。階層の二重底が二重底のまま維持されたのは、たんに「努力すればナントカなる」「努力してもしかたない」がともに現実になったからだけではない。最終的には、個人の責任か社会の責任かを問わない社会だったからでもある。「まあまあいろいろあるから」「みんなが苦しいときには自分も我慢しよう」といえた。だから、『お嬢さま』疑惑を生みだしつつ、それを疑惑のままにしておけた。一人一人の責任の範囲をはっきりさせずにおくことができたのである。

そうした集団主義が崩壊しつつある。それがよいかわるいかは別にして、事実として消滅しつつある。そのなかで、個人個人のキャリア、一人一人の社会的地位のどこまでがその人の責任なのかを、はっきりと示さなければならなくなっている。階層の二重底、平等社会のなかの疑惑。私たちは今、これに決着をつけることをせまられているのである。

二重底を断ち割る

この本では、それに対する私なりの『解』を示そうと思う。

階層の二重底というのは、とても厄介な存在である。憲法九条と日米安保条約ならば、法律の条文をみればわかるし、自衛隊という「軍」とさえ名乗れない戦力と世界最強のアメリカ軍が同居している事実は、誰の目にも明らかである。

それに対して、こちらの二重底はなかなか目に見えない。一人一人の実感に頼って考えるのもむずかしい。「努力すればナントカなる」「努力してもしかたない」は、個人レベルではどちらもそれぞれ実感がある。だからこそ、究極の『お嬢さま』規準などというものがほしくなる。

こうした問題には、社会全体を数字によって表すアプローチが有効である。さいわいにして

（というかもちろん本当は順番は逆なのだが）日本にはそれにぴったりの調査がある。「社会階層と社会移動全国調査」、略称ＳＳＭ調査といわれるもので、一九五五年以来、一〇年おきに日本全国の二〇～六九歳の人を対象に、その職業キャリア、学歴、社会的地位、さらには両親の職業や学歴など、階層にかかわるさまざまなデータを集めている（ＳＳＭ調査に関する簡単な解説については巻末【解説１】を参照）。

ここでは、そのＳＳＭ調査のデータをつかって、たんなる感想論や感覚論ではなく、具体的な数字を示しながら、戦後日本の階層社会をめぐるさまざまな問題と課題について考えていこう。

それは具体的にいえば、次のような問いである。――戦後社会は本当に「努力すればナントカなる」社会になっていったのか？　みんなが「中」と自認するにふさわしい社会だったのか？　そしてそれが現在どうかわりつつあるのか？　そのなかでどのような社会のデザインが新たに求められているのか？

二重底を断ち割るのは、正直いってあまり気持ちのよい作業ではない。だが、そこを曖昧にせず、現実をふまえて未来をどうするかのコンセンサスを築くことが、今の私たちには必要なのである。

未来への素描

あらかじめ答えをいっておくと、戦後の高度成長期にはたしかに日本は、戦前にくらべて「努力すればナントカなる」＝「開かれた社会」になっていた。だが、近年、その開放性は急速にうしなわれつつある。社会の一〇～二〇％を占める上層をみると、親と子の地位の継承性が強まり、戦前以上に「努力してもしかたない」＝「閉じた社会」になりつつある。

　それは選抜のシステム、つまり学歴や職業上の地位を得るための競争のシステムが飽和したためであり、その結果、戦後の産業社会をささえてきた重要な基盤がほりくずされている。一方では、上層を占めるエリートたちが「実績」の名の下にみずからを空洞化させつつある。他方では、そうでない人々が「努力すればナントカなる」という形で将来に希望をもち、社会への信頼を保つことがむずかしくなりつつある。それが現在の日本社会のいつわらざる現状である。

　しかし、暗い未来ばかりではない。選抜システムの開放性がうしなわれ、社会のあちこちに歪みやきしみが噴出する一方で、ゆきづまりを打開するような新たな動きもはじまっている。もちろん、それはまだ萌芽にすぎず、それをどう育てるかは、結局、私たち自身がどんな社会のデザインをつくりだせるかにかかっている。それを考える材料として、第一～四章では日本の戦後と現在をデータと統計でうきぼりにした上で、第五章であえて乱暴な素描をやってみよう。

　私は未来を予言するつもりもないし、自分の正しさを布教する気もない。素描はあくまでもたたき台だが、あえてそれをやるのは、暗い顔をしてなげやりになったり、ことさらに危機を煽りたてるのをみるのに、いささか飽きたからである。

八〇年代後半のバブル景気のころ、街を歩く人々の顔がずいぶん虚《うつ》ろになったなと思っていた。二〇〇〇年代にはいった今、表情こそちがえ、やはり人々の顔は虚ろにみえる。もちろん、日本の経済状態が良くなれば、あるいはたんにアメリカ経済の一人勝ちに翳《かげ》りがでただけでも、昨日まで深刻ぶっていた人々はまた陽気に騒ぎだすだろう。だが、むしろ、そういう安っぽい自尊と自卑に私はもう飽きたのだ。あえて素描をするというのは、そういう意味である。

第一章　平等のなかの疑惑——実績VS努力

選抜社会の理想と現実

階層社会の二重底、平等のなかの疑惑も、SSMのデータから、もっとはっきりとその姿が見えてくる。

一九九五年におこなわれた五回目のSSM調査、略称九五年SSM調査ではA票とB票、二種類の調査票をつかったが、そのうちB票には次のような質問が載せられている。

問31(1)「どのような人が高い地位や経済的豊かさを得るのがよいか、という点について、次のような意見があります。この中で、あなたの意見に一番近いと思われるものを1つ選んでください。」

問31(2)「それでは日本社会の現実は、次の4つのうちのどれに一番近いと思われますか。」

「地位や経済的な豊かさを得る」あり方というのは、専門的な用語では「資源配分原理」という。これにはいろいろな種類がある。例えば、江戸時代の士農工商の社会では、どういう家に生まれたかによって、大枠が決まっていた（現在の経済史や歴史学からいえばこれも過度に単純化されたイメージだが）。武士の家に生まれた子どもでなければ、武士にはなれない。農民の子どもの多くは農民になった。家、つまり身分によって、どういう地位になれるかが決まっている。これは身分による資源配分原理である。

それに対して、明治以降、職業選択の自由が認められ、少なくとも法的には、本人の意思と能力によって職業を選べるようになった。生まれによる差別は残念ながら現在も根強くのこっているが、江戸時代にくらべれば、個人個人が何をやりたいか、何がやれるかによって、職業が決まり、社会的地位が決まるようになったとはいえよう。

その結果として、日本は「学歴社会」になったといわれる。学歴社会というのは、学歴によってその人の地位が決まる社会、つまり学歴による資源配分原理が支配的な社会という意味である。学歴によって選抜される社会といってもよい。

四つの配分原理

問31(1)は、その資源配分原理のあるべき姿はどういうものだと思いますかという質問である。つまり理想の資源配分原理をたずねている。問31(2)は現実はどうなっていると思いますか、つまり現在の日本で支配的な資源配分原理をたずねている。

用意された回答選択肢は次の四つである（【　】内は略称）。

「1　実績をあげた人ほど多く得るのが望ましい／多くを得ている」——【実績】

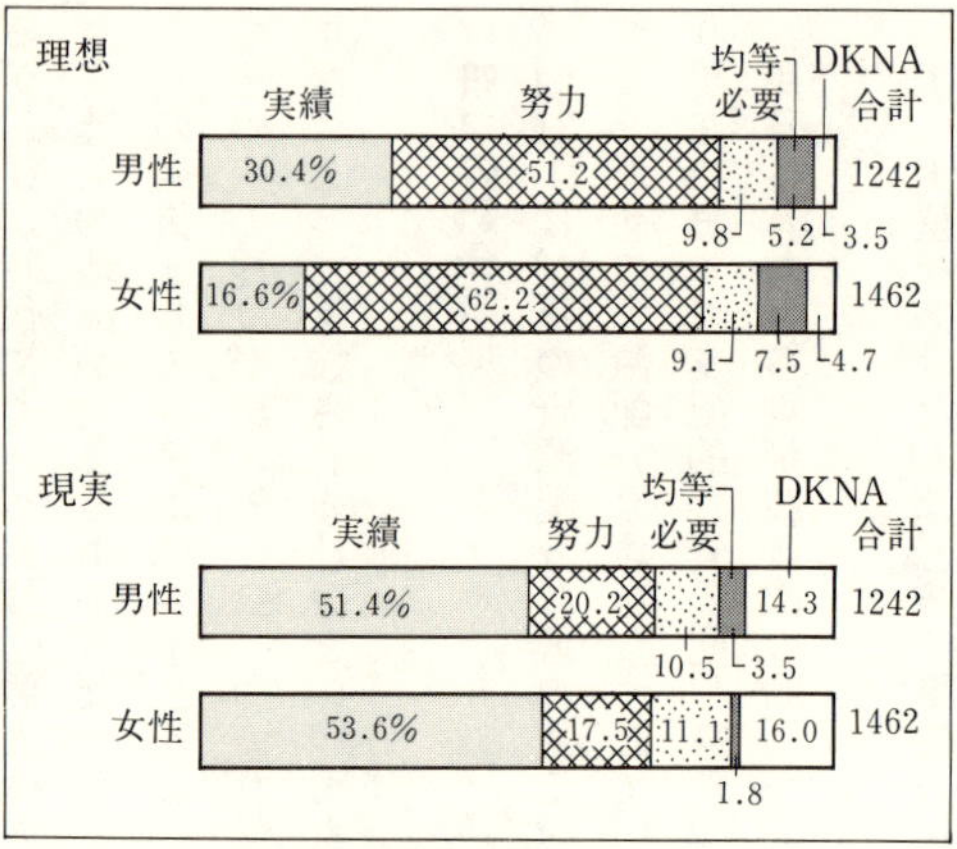

図1・1　理想の資源配分原理
図1・2　現実の資源配分原理

「2　努力した人ほど多く得るのが望ましい／多くを得ている」――【努力】
「3　必要としている人が必要なだけ得るのが望ましい／得ている」――【必要】
「4　誰でもが同じくらいに得るのが望ましい／得ている」――【均等】

いささかそっけないのにおどろいたかもしれない。特に資源配分原理に関心がある人は、「あれがぬけている」とか「意味がはっきりしない」と思うだろう。そうした疑問はもっともであるが、これが社会調査というものである。

二〇歳から六九歳までの文字通り老若男女、生活上の関心も職業も学歴もさまざまな人々から共通した形で意見をきくには、これくらい単純化しないとだめなのだ。逆にいえば、調査データというのは数値という明確な姿をとるが、その背後にはこうした大雑把さがつねにひそんでいる。この本を読むときも、そのことは頭のすみにおいておいてほしい。

さて、寄せられた回答を集計すると、図1・1～2のようになった。

一番すぐ目につくのは、理想の配分原理にくらべて、現実の配分原理にはDKNA＝「わからない・無回答」がきわめて多いことだ。質問から考えて、これはまあ当然の結果だろう。自分自身の地位ならともかく、日本社会全体の配分原理がどうなっているかとなると、簡単には答えにくい。きまじめに考えれば考えるほど、うんうんうなってしまいそうだ。逆にいえば、問31(2)の答えは、現実の配分原理そのものを答えているわけではない。むしろ、「現実の配分原理はこうなっているのだろう」というイメージを示しているといった方がよい。

そして、同時に、このことから、もう一つの理想の配分原理の回答がある程度信頼できるのもわかる。わからなければ「わからない」と答えてくれるわけだから、理想の配分原理の方に「わからない・無回答」が少ないのは、回答者の側にある程度明確なイメージがあるからだと考えられる。

実績ＶＳ努力

では次に、その理想の配分原理のなかをもう少しくわしくみてみよう。

まず目立つのは、実績と努力以外の、必要や均等があわせて一五％前後しかないことだ。あるべき理想の主流派は実績と努力である。必要や均等は配分の規準を「現在どうであるか」においている。それに対して、実績と努力はともに「何をやったか」という成果を規準にしており、自由主義的な考え方ともいえよう。

一九世紀末のイギリスの蔵相にサー・ウィリアム・ハーコートという人がいる。「我々は今やみんな社会主義者だ」と嘯《うそぶ》いたことで有名だが、一〇〇年たって時代の針はちょうど逆転したようだ。二〇世紀末は「我々はみんな自由主義者」の時代なのである。

問題はその先にある。この実績と努力をめぐっては、理想と現実との間にねじれ現象がみられる。図1・1と図1・2をまた見くらべてほしい。実績主義は現実の配分原理では半数以上を占めるが、理想としては男女あわせて全体の二〇％強しかない。対照的に、理想の配分原理で半数以上を占める努力は、現実では二〇％にもみたない。「理想は努力主義による配分だが、現実は実績主義になっている」というのが、日本社会への一般的なイメージなのである。

特に女性においてこのねじれははげしい。理想の配分原理を実績と答えたのは一七％で、男性のほぼ半分しかいない。特に四〇歳未満の女性では、理想の配分原理では実績が一八％、努力が五八％なのに対して、現実では実績は六二％、努力は一〇％しかない。

実績と努力、というのは一体どこがちがうのだろう。

努力主義が理想というのは、要するに「努力で評価してほしい」ということである。人はどういうときに「努力でみてほしい」というだろうか。

私の場合すぐ思いうかぶのは、学校のテストの成績がわるかったときだ。「今回は風邪で熱があったけど、ちゃんとがんばったんだ！」とか、「点数は低いけど、前回のテストよりはいい点とったじゃないか！」といったぐあいに、努力主義を主張していた。

この例はいささかいいわけじみているが、「実績ではなく努力で」といいたくなる状況はいいあてていると思う。運不運（例えば風邪をひいたとか）や、最初のスタート点がわるかった（例えば前回のテストはもっとわるかった）といった事情で、実績で評価されるのは不公平だと思える場合に、人は「努力で評価してくれ」というのである。

先の回答結果からもそれはうかがわれる。特に四〇歳未満の女性でねじれがはげしいとのべたが、彼女たちはちょうど実績と努力のギャップを痛感させられている世代といえる。例えば、男女雇用機会均等法で総合職という枠だけは形式的に平等になったが、就職自体男性よりはるかにきびしいし、たとえ総合職につけても、その後さまざまな壁にぶつかる。その意味では、本当に平等な競争をさせてもらえていない。それが「理想は努力主義だが現実は実績主義」という回答につながるのではないか。

ちなみに、均等法が施行されて女性にも総合職の途《みち》が開けたのは一九八六年だから、九五年時点でいうと、三〇歳すぎぐらいまでが「均等法以降の世代」に入る。事実、三五歳以下の四年制

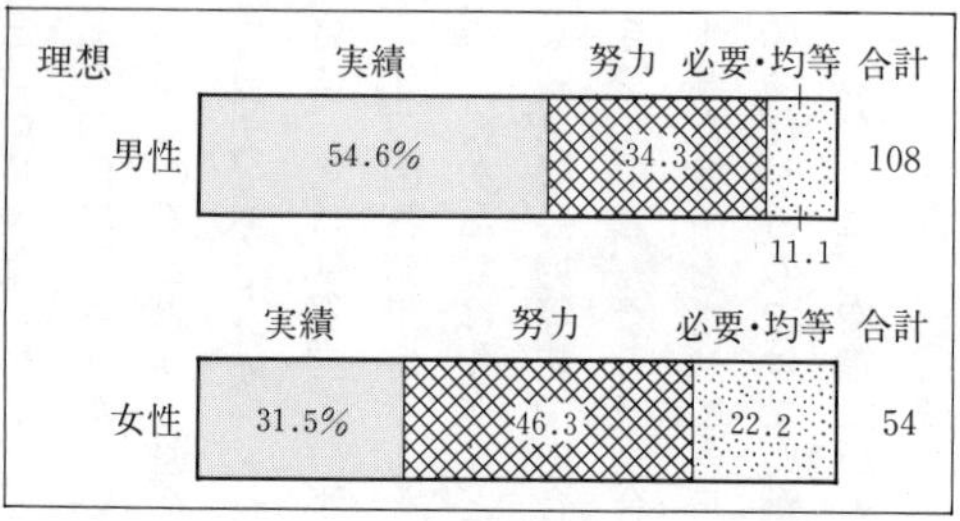

図1・3　35歳以下四年制大学卒の理想の配分原理

大学卒だけでみると、理想の配分原理は図1・3のようになる（数が少ないので必要と均等はいっしょにし、DKNAははずした）。

大卒者は男女ともに全体より実績主義が多いが、男性と女性で差がある（ちなみに統計的検定をするとカイ二乗検定のp値は〇・〇一四になる。以下、「検定」のところはよく知らない人はとりあえず読みとばしてかまわない。また簡略化のためp値を小数点第四位以下切り捨てでそのまま示す。検定やp値に関する簡単な説明は【解説2】にのべておいた）。特に女性で必要と均等があわせて二二％もある点には、彼女らがぶつかる壁の厚さを思わされる。

負け犬の遠吠え？

しかし、こうした話に異論がある人はいるだろう。

実際、上の回答結果は別の読み方ができる。例えば、女性の「実績ではなく努力で」は、「腰掛け気分」の反映ともとれる。そもそも男性と対等の競争をする気はなく、ほどほどにやってほどほどに評価されればそれでいい。努力の量は直接目に見えないだけに、なあなあ主義にも通じる。彼女らもそういう意味で実績主義ではなく努力主義を望んでいるのだ、と。

数字では示せないが、こうした部分があることは否定できないと私も思う。現実には、「腰掛け気分」だから「壁がある」のか、「壁がある」から「腰掛け気分」になるのかは、つねに循環関係にある。したがって、どちらが本当の原因か断定するのはあまり意味がないが、「腰掛け気分の方が楽でいい」と本気で思っている女性はある程度いるだろう。

もっと強烈な異論もありうる。――女だろうと男だろうと、そもそも「実績ではなく努力で」という考え方自体が実績をあげられない人間のいいわけにすぎない、いわば負け犬の遠吠えである、と。

こうした意見をいうのは戦後の日本ではタブーとされてきたが、腹の底ではそう考えてきた人は少なくないだろう。そして、このタブーも九〇年代後半になってうすれつつある。むしろ「『実績ではなく努力で』という態度こそ戦後日本のムラ社会の弊害であり、悪平等である」「そういう態度が活力ある競争社会、真の公平な競争社会の実現をさまたげているのだ」という声が主流派《マジョリティ》となりつつある。

ムラ社会の足の引っぱり合いについては私も異論ないが、努力主義は本当に「負け犬の遠吠え」なのだろうか？　これについてはＳＳＭ調査のデータで確かめることができる。ＳＳＭでは階層規準となりそうな、さまざまな社会的地位を調べているからだ。

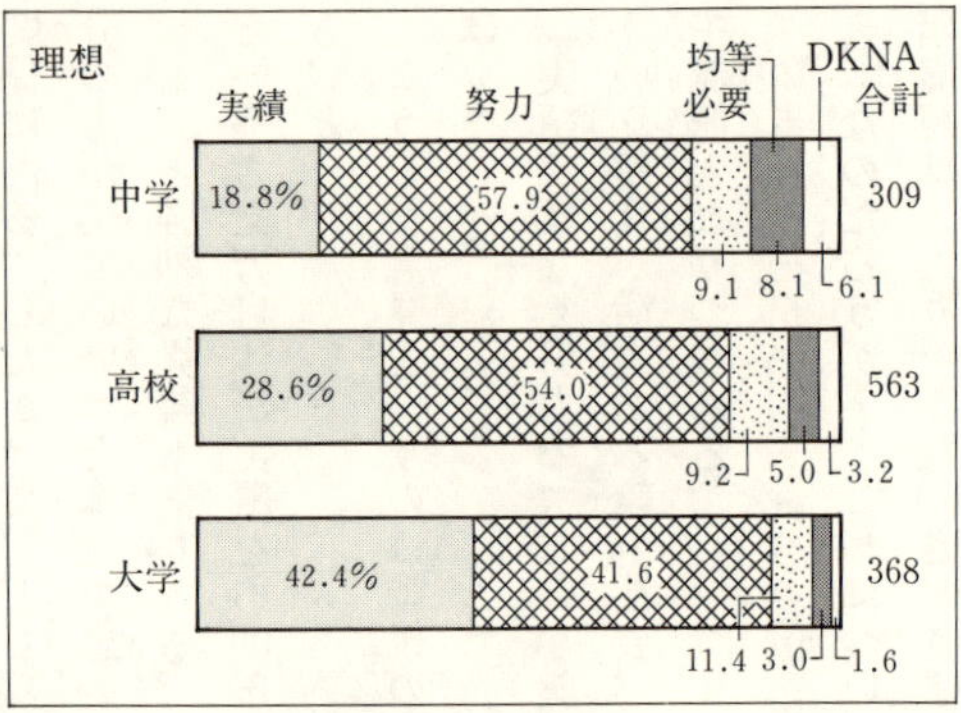

図1・4　学歴別の理想の配分原理

一番わかりやすいのは収入だろう。男性だけでみると、理想を実績と答えた人の平均年収は五六八万円、努力と答えた人は五一一万円で、ほぼ五〇万円の差がある（T検定でp値〇・〇一九）。

次にやはり男性で学歴をみると、実績の方が努力より学歴構成が高い。これは学歴ごとに理想の配分原理をみた方がわかりやすいだろう（なお図1・4の「中学」には小学校、「大学」には短大もふくめている、第一章では以下同様）。

学歴が高くなるほど、実績と答える人が多くなる。大学卒では四二%が実績主義を理想としている。日本では高学歴ほど収入が高いから、実績か努力かは、たしかに社会的地位の高い低いに関連しているといえる。

職業によるちがい――W雇上と自営の逆転現象

今度は職業をみてみよう。

実は、SSM調査は職業を主なターゲットにしており、かなりくわしく情報を集めている。あまり細かいとわかりにくいので、この本では大雑把に六種類のカテゴリーに大別して、それを「職業」とよぶことにする。これは専門職・管理職・販売職といった職種の内容に、雇用／自営という勤め方のちがいをかけあわせたものである。

(1)ホワイトカラー雇用上層【Ｗ雇上】：専門職と管理職の被雇用（法人企業の役員をふくむ）
(2)ホワイトカラー雇用下層【Ｗ雇下】：販売職と事務職の被雇用
(3)全自営【全自営】：専門職と管理職と販売職と事務職と熟練職と半熟練職と非熟練職の自営（家族従業をふくむ）
(4)ブルーカラー雇用上層【Ｂ雇上】：熟練職の被雇用
(5)ブルーカラー雇用下層【Ｂ雇下】：半熟練職と非熟練職の被雇用
(6)農業【農業】：農林水産業の職

職種の内容はほぼ字面から想像できるだろう。補足しておくと、ホワイトカラーの管理職というのは主に三〇人以上の企業・官公庁の課長級以上だが、三〇人未満でも管理的職務だけをやっていればここに入る。ブルーカラーの熟練職というのは、個人単位での技能をもつ熟練工である。大工場のブルーカラー労働者の多くはＢ雇下に入る。本当は「上」「下」をつけたくないのだが、これは国際的に広く使われている職業分類にほぼしたがったものなので、慣例的なよび方をそのまま使わせてもらう。

職業でもきわめてはっきりした特性がでてくる。六つの職業カテゴリーごとに理想の配分原理をみてみると、図1・5のようになる。

学歴からもほぼ予想がつくが、ホワイトカラー系は実績主義が多く、特にW雇上に多い。ブルーカラー系は努力や必要にかたむいている。B雇下になると、W雇上の約半分しか実績主義がいない。

こうなると、努力主義は「負け犬の遠吠え」という解釈がいよいよ有力に見えるのだが、話はそれほど簡単ではない。

W雇上に実績主義が多いのはわかったが、学歴のちがいを考えあわせると、収入差が五〇万円というのは少し少ないのではないか。そこで職業別のちがいもいっしょにみてみると、意外な事実がうかびあがる。

表1・1でわかるように、実績主義の方が努力主義より収入が多いというのは、主にW雇上によるものなのである。もともと実績主義者にはW雇上が多く、そのW雇上では実績主義の方が努力より約六〇万円、収入が高い。それに対して、全自営は実績よりも努力の方が九〇万円近く、収入が高い。必ずしも実績主義者の方が収入が高いわけではない。

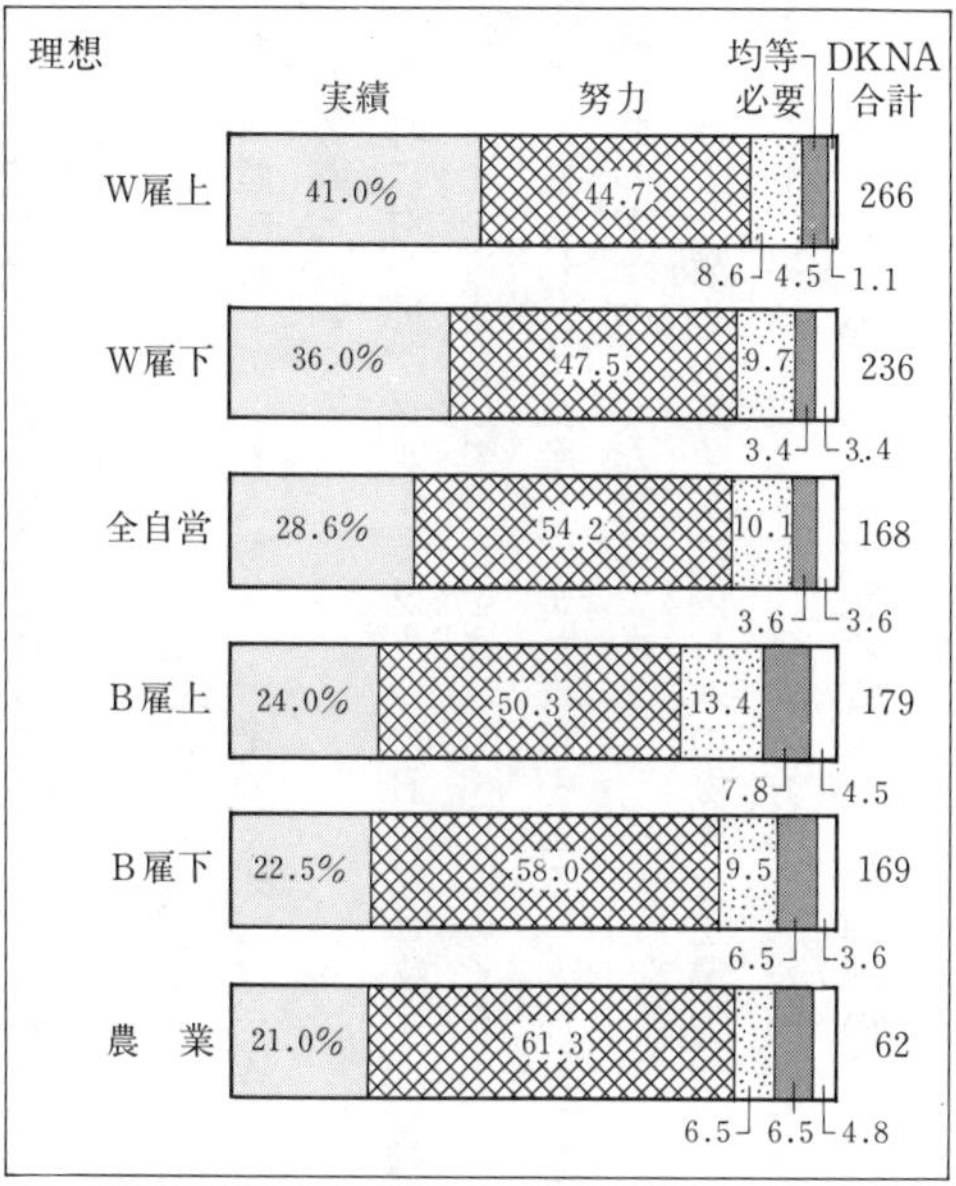

図1・5　職業別の理想の配分原理

理想	実　績 平均年収(人数)		努　力 平均年収(人数)
W雇上	850万(102)	＞	786万(106)
W雇下	517万(78)	＜	537万(105)
全自営	522万(45)	＜	608万(83)
B雇上	495万(42)	＞	444万(86)
B雇下	411万(37)	＜	448万(95)
農　業	483万(12)	＞	337万(33)

(表をみる便宜上＞や＜をつけたが、統計的検定での信頼性はない)

表1・1　職業別にみた実績主義と努力主義の平均年収

これはなかなか考えさせられる結果である。競争にさらされているという点では、Ｗ雇上よりも全自営の方が日々競争にさらされていると見るべきだろう。Ｗ雇上のなかには長期安定雇用やそれに近い形態の人が多いはずで、少なくとも全自営とくらべれば、「寄らば大樹の陰」的性格が強い。競争にまければすぐに収入が減ったり無くなったりするわけではない。

正確にいうと、日本の場合、自営でもホワイトカラー系とブルーカラー系はかなりちがう。ホワイトカラー系のW自営は、出店規制など、手厚い政治的保護をずっとうけてきた。土地建物などの資産をもっている人も多い。その意味では、W雇上とはちがった形ではあるが、かなり安定した職業ともいえる。

それに対して、ブルーカラー系のB自営は文字通り競争の世界にある。開業も多いが廃業も多い。会社から独立して工場をはじめ、しばらくうまくいっていたが、産業構造の変化や技術革新の波にさらわれて倒産し、また再起を図る、といった話はざらである。まさに、戦国時代の「一国一城の主《あるじ》」のような職業である。

そうした激しい競争が戦後日本の優秀な工業力をささえてきたのだとよくいわれるが、そのB自営でも、平均年収は一応、努力の方が二〇万円ほど高く、やはり実績主義者が高収入というわけではない。ちなみに、理想の資源配分原理への答えはW自営とB自営でほとんど差がない。


実績主義者＝年功序列!?

収入にはもっと興味深い点がある。表1・2はやはり有職男性で、理想の配分原理や職業ごとに、年齢と年収の相関係数をとってみたものである。

実績主義者の方が年齢と収入に関連性があるのだ。それに対して、努力主義の方はほとんど関連しない。

これもＷ雇上の多さによると考えられる。九五年調査Ｂ票のＷ雇上全体で、年齢と年収の相関係数は〇・五七六と、きわめて高い。それに対して努力主義が多い全自営はほぼ〇。競争がはげしいＢ自営にかぎっても〇・〇〇五で、ほぼ〇である（相関係数というのは一からマイナス一までの値をとる。この場合でいえば、年齢と年収が完全に正比例する場合には一、完全に反比例する場合にはマイナス一、そうした直線的な関連性がない場合は〇になる）。

		相関係数	（p 値）
理想	実績	0.292	(0.000)
	努力	0.199	(0.000)
職業	W雇上	0.576	(0.000)
	W雇下	0.344	(0.000)
	全自営	0.007	(0.931)
	W自営	0.018	(0.879)
	B自営	0.005	(0.969)

表１・２　理想の配分原理と職業ごとの年齢と収入の相関係数

相関係数だけだと具体的なイメージがつかみにくいので、Ｗ雇上とＷ雇下と全自営について各人の年齢と年収を示すと、図１・６〜８のようになる。年収の数値は税込みで、副収入や臨時収入などもふくめたものを答えてもらっている。自己申告なのでおそらく少し低めに答えていると思われるが、税務署でも正確な収入額を把握できているわけではないので、しかたがないところだろう。

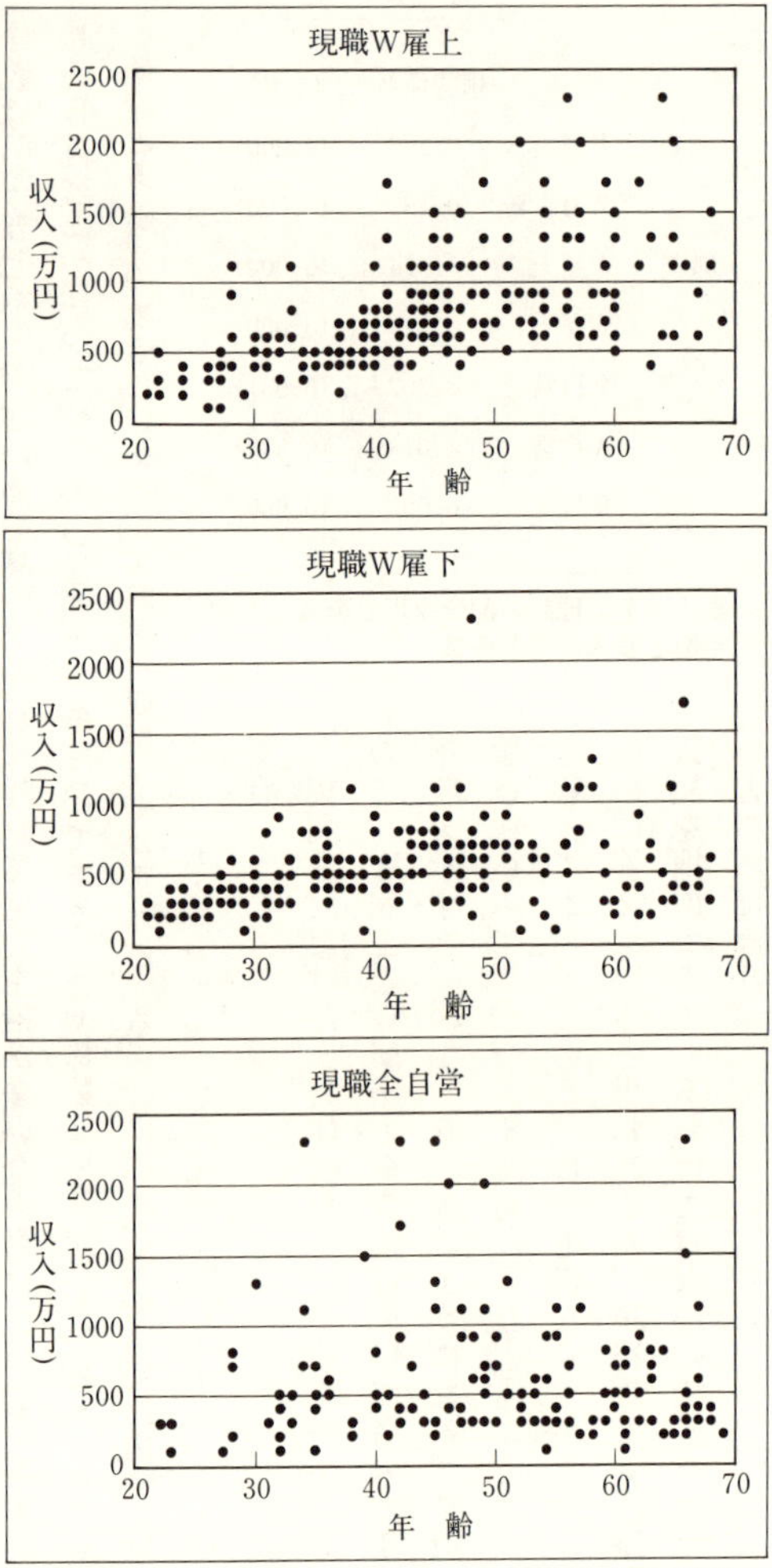

図1・6〜8　W雇上・W雇下・全自営の年齢×年収の散布図

これをみても、W雇上の特殊性がよくわかる。各年齢ごとに年収がもっとも低い人に注目してほしい。W雇上では、年齢があがるにつれて年収の最低ラインがあがっていく。それに対して、全自営はいうまでもなく、同じホワイトカラー系の勤め人であるW雇下でも、年収の最低ラインはほぼ横ばいである。

日本の企業の人事制度では、降格というのはほとんどない。左遷や窓際族に追いやることはよくあるが、管理職・専門職から事務職やブルーカラーへの格下げはきわめてまれである。つまり、W雇上という地位自体かなり安定したものであり、そしてその収入という面でも、最低ラインがあがっていく。一種の「年功序列」がみられるのである。

「実績」の虚実

もちろん、年齢と比例するからといって、単純にそれが実績によるものではないと決めつけるのは不当である。

W雇上は企業や官公庁で働く専門職・管理職であり、経験年数が専門性や管理能力を発揮するのに役立つケースはあるからだ。アメリカや西ヨーロッパでも、W雇上は一つの企業に長くいて、年齢にそって賃金があがっていくのがふつうである。なんでもかんでも市場で自由競争しているわけではない。さらに、日本のW雇上は、若いときに給与以上に働き、中高年になってからその分を給与に割り増しで返してもらう、ともいわれる。「サービス残業」はあたりまえ、二〇代だと収入を時給で計算すると、ファーストフード店のアルバイトより低い、という愚痴もしばしば聞かれる。

たしかに会社全体としてはそういえる部分も多い。だが、それは会社のW雇上全体を均《なら》した上での話であって、個人個人のレベルで、現在の管理能力や若いころの働き方がきちんと記録されて、それが給与分に反映されているわけではない。とりわけ日本のW雇上はチームで作業することが多く、厳密に個人個人の実績を計測できる形にはなっていない。

だから、本当は、ホワイトカラーの「実力」はそもそもそう客観的に評価できるものではないと考えるべきなのである。そして、それだけにホワイトカラー、特にW雇上が実績主義にかたむいているのは、不思議なのである。実績主義者のW雇上だけだと、年齢と収入の相関係数は〇・六四〇にもなる。

彼らの収入が本当に実力の現れだとすれば、年をとるにつれて実力もどんどん上昇していることになる。そういう人ももちろんいるだろうが、大多数がそうだと考えるのは無理がある。そこには働き方の実態をこえた何かがあると見るべきだろう。

一方、全自営がW自営・B自営ともに努力主義にかたむくのは理解しやすい。自営業には、資産や看板など本人の力がおよばない部分が大きい。親から大きな営業資産を相続した人間は有利だし、逆に一人で独立して商売をはじめるには、さまざまな苦労がともなう。これは同じ自営のなかのちがいだが、商業にしても工業にしても、これに法人企業との競争が加わる。同じような売上げをあげていても、スタート地点がどこかによってまったくちがうのだというのが、自営業の実感だろう。

逆にいえば、こうも考えられる。——企業に勤めているサラリーマンは、入社した時点で「よーいドン！」で競争がはじまる。コネや運不運はそれでもついてまわるが、自営業のように、最初から営業資産に大きな差があるのにくらべれば、平等な競争といえる。その分、Ｗ雇上は実績主義にかたむきやすいと考えられる。それが実績主義と努力主義にわかれる一つの要因なのだろう。

相続される学歴

これはなかなか説得的な解釈である。実際、ＳＳＭ調査のデータをみると、各世代で全自営の人数は縮小し、Ｗ雇上が増加しつづけている。先に、戦後の日本では「努力すればナントカなる」部分が拡大し、「努力してもしかたない」部分が縮小したとのべたが、それはＷ雇上の拡大・全自営の縮小に典型的に現れているともいえそうだ。

しかし、実績主義の人々は本当に自分の力だけでやってきたのか。彼らは「努力すればナントカなる」世界に生きているのだろうか。

痛烈な反論が、一つは、女性の側からあがるはずである。——スタート地点が平等だなんてとんでもない。女性が専門職・管理職になるにはさまざまな壁がある。逆にいえば、実績主義の三分の二を占める男性の地位は、「性別」という障壁に守られた、虚構の「実績」なのだ、と。再反論もあるだろうが、男性の実績主義者の社会的地位を手放しで実力だとはいいがたいのは、先にのべたとおりである。W雇上の収入の「年功序列」にみられるように、むしろどこか既得権の匂いがする。

実績主義の人々の「実績」をささえているのは、この、性別という、目に見える壁だけではない。実はもう一つ、目に見えない大きな壁があるのである。

表1・3は、男性有職者のなかの実績主義と努力主義、それぞれにおける本人の学歴と父親の学歴をかけあわせたものである。学歴の構成は年齢によってだいぶかわってくるので、表1・4に四〇歳未満に限定したものもつけておく。

すでにのべたように、実績主義には高い学歴の人間が多く、W雇上など、高い学歴を活かす職業についている。それだけではない。実績主義の人々は、その父親の学歴も高いのである。彼らの高い学歴は父親の高い学歴をひきついだものなのだ。自営業には営業資産を相続するかどうかというスタート地点のちがいがあるといったが、P・ブルデューという社会学者の言葉を借りれば、実績主義の人々も別の資産の「相続者」なのである。

選抜システムの深い翳

先にのべたように、自営業にはひきついだ資産の有無や好不況など、本人の力のおよばないさまざまな要因が成果にかかわってくる。それに対して、W雇上の地位は、年功序列にしても、自分の力でかちとったものと思われている。父の学歴の「相続者」であるにもかかわらず、その点はいわば見えないものとされているのだ。

それはたんに、W雇上の実績主義者たちだけではない。戦後の日本社会では、学歴を得るとか、専門職・管理職につくといったキャリアコースは、「努力すればナントカなる」途だと、ずっと

男性有職者全体

実績主義		本人学歴		
		中学	高校	大学
父学歴	中学	11.2%	28.1%	18.0%
	高校	0.7%	12.2%	12.9%
	大学		3.1%	13.9%

努力主義		本人学歴		
		中学	高校	大学
父学歴	中学	21.1%	35.3%	8.2%
	高校	1.9%	13.3%	9.0%
	大学	0.9%	2.8%	7.5%

表1・3　実績主義と努力主義の父学歴×本人学歴（男性有職者）

40歳未満の男性有職者

実績主義		本人学歴		
		中学	高校	大学
父学歴	中学	1.6%	18.7%	19.5%
	高校		15.4%	22.8%
	大学		4.9%	17.1%

努力主義		本人学歴		
		中学	高校	大学
父学歴	中学	4.7%	28.0%	6.7%
	高校	0.7%	28.0%	14.7%
	大学	0.7%	4.7%	12.0%

表1・4　実績主義と努力主義の父学歴×本人学歴（40歳未満の男性有職者）

考えられてきた。だからこそ、W雇上の多くが実績主義を標榜できるのである。

もちろん、それは完全に額面どおりに受けとられているわけではない。例えば、父と本人ともに学歴の高い人たちも、みんなが実績主義にかたむいているわけではない。この人たちは、理想の配分原理として「必要」をあげる比率も他より高い。白樺派の作家、武者小路実篤や有島武郎を思い出すといったら、うがちすぎだろうか。そして何より、日本人全体でみれば、配分原理の理想としては努力主義が多数派なのに、現実の配分原理のイメージでは実績主義が多数派を占めるという事実が、「努力すればナントカなる」という信仰が一〇〇％信じられているわけでないという現実を示している。努力すれば報いられると信じたいが、現実には別の評価規準で地位が決まっていると考えている。

けれども、だからといってこの信仰が正面から否定されるわけではない。「努力してもしかたない」という疑念をかかえつつ、「努力すればナントカなる」と自分にいいきかせて、学校や会社の選抜のレースに自分や自分の子どもたちを参加させてきた、というのが日本の戦後のいつわらざる姿である。疑念は疑念のまま、見えない障壁は見えない障壁のまま、存在しつづけている。「現実は実績主義、理想は努力主義」という、はっきりいえば中途半端な、あるいは曖昧な成果志向の表明は、最終的には、そうした二重底の産物なのだろう。

そこには、戦後の日本社会が生んだ、そして今も日本社会をつき動かしている、選抜のシステムが深い翳を落としている。

第二章　知識エリートは再生産される——階層社会の実態

1　「階級なき社会」の神話

開かれた社会と閉じた社会

「努力すればナントカなる」のか「努力してもしかたない」のか――これは階層論では世代間移動の開放性／閉鎖性として知られている。

漢字が多いのでこむずかしく見えるかもしれないが、話は簡単。自分の親がついていた職業と同じ職業につくかちがう職業につくか、ということである。親の職業を出発点にして本人がどういう職業についていくのかという一連のプロセスを、「世代間（職業）移動」という。その世代間移動のルートが開かれているか閉じているか、である。

例えば、子どもがすべて親と同じ職業につく社会だとしたら、それは少なくとも職業につくルートという面では「努力してもしかたない」、閉鎖的な社会といえる。第一章でふれた江戸時代の日本や、インドのカースト制などはそれに近い。その逆、つまり、子どもがすべて親とちがう職業につかなければならないような例は、現実にはあまり存在しないが、これもまた「努力してもしかたない」、閉鎖的な社会といえよう。

したがって、開放性というのは、親がどの職業についているかが本人の職業状態に関連しない状態だといえる。だから、例えば、親がある職業についているかついていないかで本人がその職業につける可能性がかわらないというのは、開放性の一つの重要な側面になっている。具体的にいえば、親が政治家であるかどうかで本人が政治家になれるかどうかが左右されなければ、政治家という職業は開放的であるといえる。それに対して、親が政治家であることで本人が政治家になりやすくても、なりにくくても、閉鎖的といえる。

開放性の測り方——オッズ比・ファイ係数・開放性係数

これからやや専門的な測り方＝指標量の説明をするが、苦手な人はざっと目を通しておいてくれればよい。足し算・割り算ぐらいの話しかでてこないが、具体的なイメージがないと理解しにくいところもあるだろう。話が進んでいくのにあわせて、適当に戻ってきて確認してくれればよい。

さて、実際のデータで測る場合、この閉鎖性（開放性）にはいくつかの測り方がある。

直感的にわかりやすく、国際的にも広く使われているのは、オッズ比である。オッズ比というのは、親がある職業についていたかどうかで本人（＝子ども）がその職業につきやすいかどうかをみるもので、具体的には、親の職業によって本人たちの職業の比率がどの程度ちがうかを、比率の比の形で表す。

例えば、W雇上でいえば、親がW雇上である人々における『本人がW雇上である人』と『W雇上でない人』の比率と、親がW雇上でない人々における『本人がW雇上である人』と『W雇上でない人』の比率とで、比をとる。数式的にかけば、次のようになる。

$$\text{W雇上のオッズ比}=\frac{(\text{親がW雇上で本人W雇上の人数}\div\text{親がW雇上で本人非W雇上の人数})}{(\text{親が非W雇上で本人W雇上の人数}\div\text{親が非W雇上で本人非W雇上の人数})}$$

親の職業によって左右されない場合、つまり親がその職業だったことで本人がその職業につく傾向に差がない場合には、分子にあたる（親がW雇上で本人W雇上の人数÷親がW雇上で本人非W雇上の人数）と、分母にあたる（親が非W雇上で本人W雇上の人数÷親が非W雇上で本人非W雇上の人数）は同じ値になる。したがって、オッズ比は一となる。

親がW雇上だと本人もW雇上になりやすい場合、例えば親が大企業の管理職だと子どもも大企業の管理職になりやすいといった場合などを考えてもらえばよいが、分子の（親がW雇上で本人W雇上の人数÷親がW雇上で本人非W雇上の人数）の方が、分母の（親が非W雇上で本人W雇上の人数÷親が非W雇上で本人非W雇上の人数）より大きくなる。だから、オッズ比は一より大きくなる。

要するに、オッズ比は親の職業による『なりやすさの格差』を示す。完全に開放的、つまり親の職業による影響がないときには一で、親がその職業だと子どももその職業になりやすくなるにつれて、一より大きくなる。一よりどれだけ大きいかが、親からの継承性（なりやすさ）の度合いを示すわけである。具体的にどの程度大きければ継承性が高いといえるかは、選挙権の「一票の平等」と同じように考えればよい。一つの目安は二倍をこえるかどうかだが、現実には二倍以上の格差はめずらしくない。もう一つの目安は、他に比べて特に大きな格差が発生しているかどうか、である。この場合には、誰の目からみても格差がある。これがオッズ比の中身である。

しかし、私たちが日々の生活のなかで「世襲的だなあ」と感じるとき、必ずしも『なりやすさの格差』をみているわけではない。例えば、新聞などでしばしば国会議員の「世襲」がとりあげられるが、その場合、現議員のうち何割がその親も議員だったかで、「世襲度」を測っている。芸能人でもお医者さんでも、大学教員でもそうだが、「世襲」＝「閉じている」が問題になるときは、こういう測り方の方がむしろ多い。したがって、「閉じている／開いている」という日常的なイメージを考える場合には、本人の職業という到達点での占有率も重要な指標となる。W雇上ならば、ある時点でW雇上の人のうち何％が父もW雇上かをみるわけである。

実は、一言で「世襲」「継承」といっても、(a)親の職業という出発点からみる場合と、(b)本人の職業という到達点からみる場合によって、数値がちがってくる。具体的にいうと、(a)親の職業が国会議員であった人々のうち何%が国会議員になったかと、(b)本人が国会議員である人のうちの何%が親も国会議員であったかは、ふつうパーセンテージの値がちがう。ちなみに階層論では、(a)の出発点からみた場合を「流出」、(b)の到達点からみた場合を「流入」とよんで区別している。

そこで、「流出」=親の職業という出発点と「流入」=本人の職業という到達点をともにらんで、いわば親と本人という二つの職業の結びつきを数値化することが考えられる。そうした測り方の代表的なものがファイ係数である(この場合は2×2のクロス表なので四分点相関係数でもある)。ファイ係数はふつうのクロス表で一般的に使われる指標量なので、説明は省略する。要するに、親の職業と本人の職業の『結びつきの強さ』を示すものだと考えればいい。結びつきがない、つまり完全に開放的な場合は〇で、結びつきが強くなるほど値が大きくなる。

もう一つ、特に日本でよく使われる指標に、安田の開放性係数がある。オッズ比が『なりやすさの格差』、ファイ係数が『結びつきの強さ』を示すのに対して、開放性係数は『移動の量』、つまりある職業から別の職業へと移動(流出)した人数、ある職業へ別の職業から移動(流入)した人数の相対的な大きさを示す。

開放性係数は、(a)ある職業が親においてよりも本人においての方が多い場合には、親がその職業である人のうちどれくらいが別の職業についたか、で測る。(b)ある職業が親においてよりも本人においての方が少ない場合には、本人がその職業である人のうちどのくらいが親はちがう職業だったか、で測る。要するに、一般的なトレンドとは反対の流れ方をした人数の大きさでみるものである。開放性係数は完全に開放的な場合には一、閉鎖性が強くなるほど小さくなって、もっとも閉鎖的な場合に〇になる。

（なお、やや専門的な話になるが、これらの移動指標が何を示しているかについては、しばしば誤解されている。例えば、開放性係数は安田三郎の提唱以来、「純粋移動」＝経済構造の変動などの外的要因によらない純粋な移動量を測っているとされてきたが、これは誤りである。クロス表だけから特定の移動要因をぬきだすことはできない。開放性係数は、たんに流入・流出の移動量の大きさを測っているにすぎない。くわしい論証は佐藤俊樹「世代間移動における供給側要因：人口再生産と就業選好」参照。また、オッズ比までふくめた移動指標全般については、手に入りにくいが、盛山和夫「社会移動の趨勢比較分析におけるログリニア・モデルと安田係数」がすぐれている。）

従来の定説は「開かれた選抜」

では、日本社会は実際に開かれているのか、それとも閉じているのだろうか。いいかえると、「努力すればナントカなる」社会なのだろうか、それとも「努力してもしかたない」社会なのだろうか。

まさにこれが知りたくて一〇年に一回ＳＳＭ調査をやっているわけだが（もちろん関連した他

のデータも集めているが）、従来からの定説は次のようなものであった――「日本社会は次第に開かれる方向へ進んでいる」、つまり、だんだん「努力すればナントカなる」社会になっている。

実際、よく使われるオッズ比＝『なりやすさの格差』と開放性係数＝『移動の量』で、農業をのぞく五つの職業の動きをみてみると、図2・1～2のようになる。図2・1がオッズ比、図2・2が開放性係数の動向である。細かい数値は巻末の表2・1～2にある。ファイ係数＝『結びつきの強さ』については、やはり巻末に表2・3としてのせておく。このファイ係数の動向については、第三章の2であらためてふれる。

なお、SSM調査は一九八五年から女性も調べているが、それ以前のデータとつきあわせるために、以下では、男性の有職者に限定してみていく。親も男性側だけにして、親の職業としては「父の主な職業」をとる。したがって、以下で世代間移動を論じるとき、特に断らないかぎり、いわれているのは男性である。

測り方の説明でのべたように、厳密にいえば、オッズ比と開放性係数は測っているものがちがうが、全体としてほぼ同じ傾向を示している。全自営をのぞけば、もっとも古い一九五五年調査とくらべると、オッズ比は下がり、開放性係数は上がっている。つまり、雇用されている人＝勤め人の世界は戦後、次第に「努力すればナントカなる」社会になってきたのである。全自営の占める比率がずっと減少している点を考えれば、社会全体としてもそうだといえそうである。

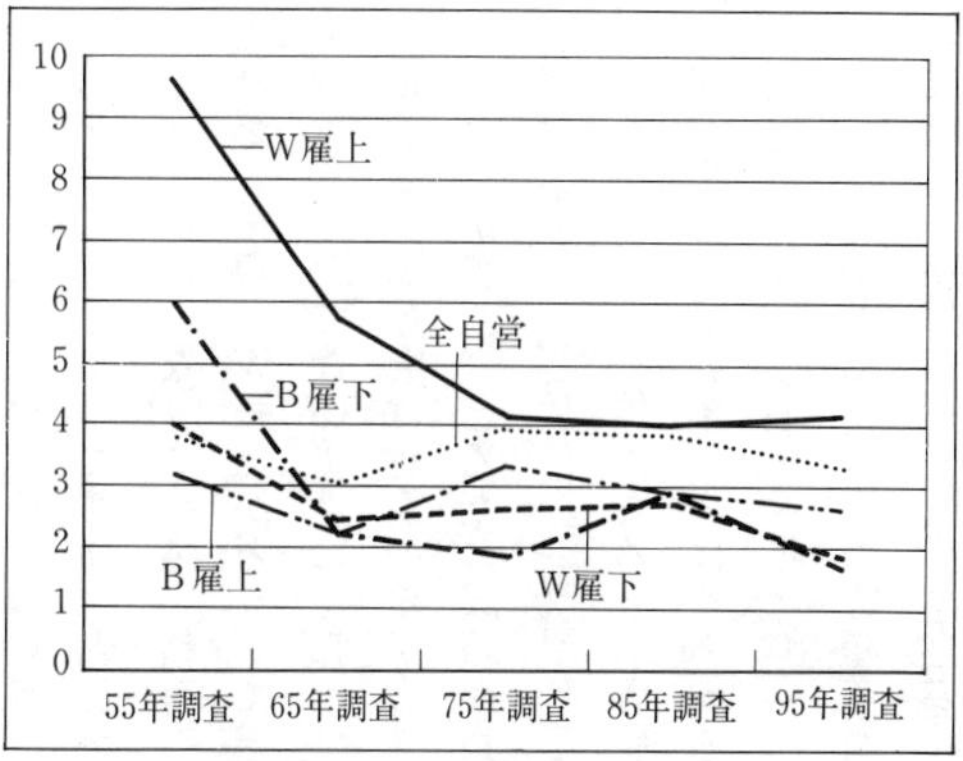

図2・1　調査年別・父主職×本人現職のオッズ比

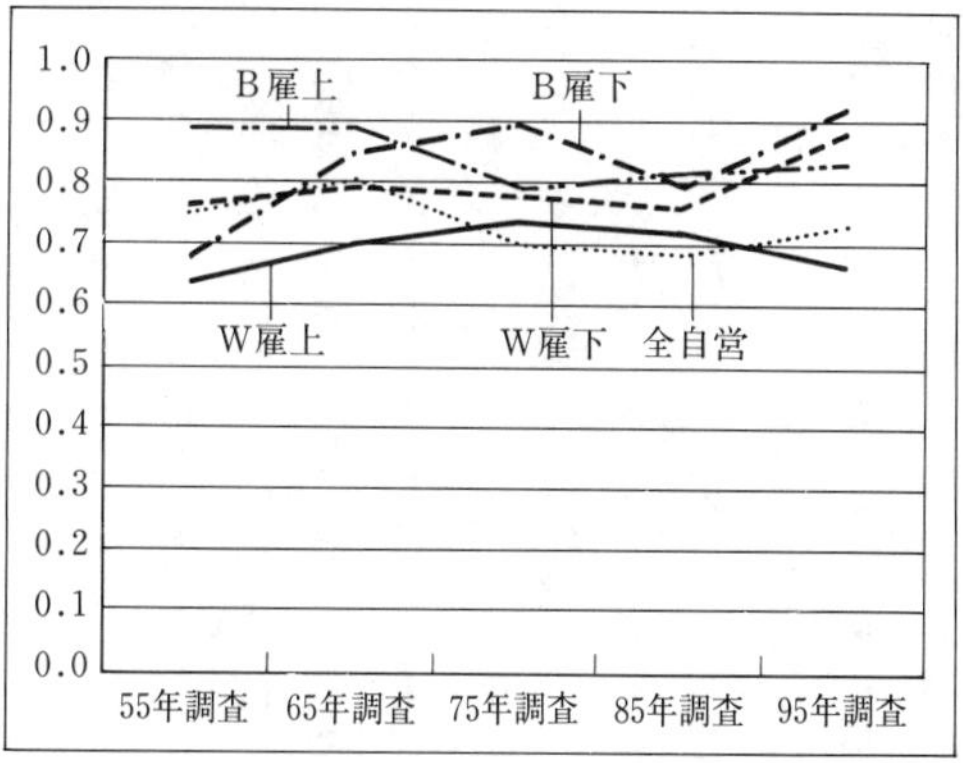

図2・2　調査年別・父主職×本人現職の開放性係数

平等化が進む戦後

特にそれが顕著なのはW雇上、つまり専門・管理職のホワイトカラー被雇用者である。第一章でみたように彼らは他の五つの職業より、収入も学歴も高い。そのW雇上のオッズ比をみてみると、五五年調査、つまり高度成長がはじまる前夜では、九・五八ときわめて高い値になっている。オッズ比は『なりやすさの格差』を示す。つまり、五五年の調査では、W雇上になれる／なれないが、父親がW雇上かどうかで一〇倍近くちがっていた。いいかえれば、父親がW雇上だった男性は、そうでない男性にくらべて、約一〇倍も、W雇上になりやすかったのである。

戦前の日本社会は貧富の差が大きく、お金がない家庭に生まれた子どもは、特別な幸運にめぐまれないかぎり、どんなに成績が良くても上級の学校に進学することはむずかしかった。まさに、「努力してもしかたない」社会だったのである。その影響が五五年調査のころにはまだ残っていた。ところが六五年になると、W雇上のオッズ比が大きくさがり、七五年調査以降は四・〇付近で安定する。五五年調査にくらべると、ほぼ半減したことになる（ログリニア分析でオッズ比の変化を検定にかけると、五五年と七五年以降の間ではp値はすべて〇・〇〇二以下）。

同じホワイトカラー系のW雇下でも、オッズ比は五五年で四・〇、それが九五年の一・八へ、半減する（検定にかけると、五五年と九五年の間ではp値〇・〇〇一）。B雇下、つまり非熟練のブルーカラー労働者でも、五五年では五・九と高く、B雇下の子どもはB雇下になりやすかったが、六五年以降は二・〇付近のかなり低い値で落ちついている（検定にかけると五五年と九五年の間ではp値〇・〇〇一）。これらの数値をみると、戦後は社会全体でたしかに平等化していったように見える。

実際、七〇年代以降、日本には「階級がない」という議論がさかんにいわれるようになった。イギリスではジェントルマンの子はジェントルマン、中流階級の子どもは中流階級、労働者の子どもは労働者になるのに対して、日本では高い学歴を身につければ、労働者家庭の子どもでもエリートサラリーマンになれる。だから日本は「階級がない」＝「開かれた社会」である、と。

ちょうど、一九七〇年の総理府「国民生活に関する世論調査」で、自分が「中」だと答える割合が全体の九割をこえたという結果が発表されたこともあり、いわば一億「総中流」社会がニッポンのイメージとして定着していった。

溶ける「中流階級」

その代表格はやはり村上泰亮の新中間大衆論だろう。村上は七五年ＳＳＭ調査を一部引きながら、次のように戦後の階層社会をまとめている。

「一般的傾向としていえば、ブルーカラーとホワイトカラーの区別は、古典的な資本主義時代の惰性とみるべきであって、次第に意味をうしなっていくだろう。……

ブルーカラーとホワイトカラーの対立という古典的な問題設定に何らかの意味があるとすれば、

それは、実はホワイトカラー対ブルーカラーという点そのものにあるのではなくて、管理的役割と被管理的役割との対立という点にある。現代の組織においては、管理者と被管理者の区別も連続的で不明瞭なものになりつつあり、またそのような区別が世代を超えて固定化される可能性も、高等教育に対する機会の平等化によって大幅に減少していくとみられる。しかしそれと同時に、組織の大規模化・複雑化・多機能化は、管理者への負担を増大させており、しかも管理のためのヒエラルキーの上層部にその負担が集中する傾向が認められる。……このようにして管理するエリートと管理される一般従業員との対立が生じる可能性は依然として高い。しかしこの対立は、もはやホワイトカラーとブルーカラーの対立ではない。

このようにして、かつての中流階級は、次第にホワイトカラーがその主体となるような形に変化したが、そのホワイトカラー層の拡大と共に中流階級の輪郭は徐々に溶解して、ブルーカラーや農民と混じり合っていく傾向を示している。その中であらためて析出してくるのが行政的エリートである。しかし行政的エリートは、かつての中流階級にくらべて範囲が狭く、世襲的権威・文化的威信などの点で後退し、一般的な正統性の点で力をもたない。……いずれにせよ、管理的役割と文化的指導力をあわせもっていたかつてのような中流階級はもはや存在していない」(村上泰亮『新中間大衆の時代』)

八〇年代以降も、図2・1〜2をみるかぎり、大きな変化は起きていない。九五年調査ではオッズ比・開放性係数とも八五年調査よりやや閉鎖的になったものの、このくらいは完全に誤差の範囲である。

橘木俊詔によれば、所得や資産の面では八〇年代後半以降、分配の不平等度を示すジニ係数がかなり急速に増大しており、日本社会はむしろ不平等化したといわれている。けれども、世代間移動に関しては、七〇年代から大きな変化はない。選抜社会という面では、高度成長期につくりだされた開放性＝「努力すればナントカなる」が持続しているように見える。

2　閉じた選抜システム

データの落とし穴

しかし、実はここに大きな落とし穴があったのである。

図2・1〜2は、父の主な職業を出発点とし、本人現職を到達点として、世代間移動をとらえたものである。この本人現職というのが、とんでもない曲者なのだ。

すでにのべたように、SSM調査は二〇歳から六九歳までの男女（ここでは男性有職者）を対象にしている。本人現職というのはその人々の調査時点での職業である。それゆえ、二〇歳の人

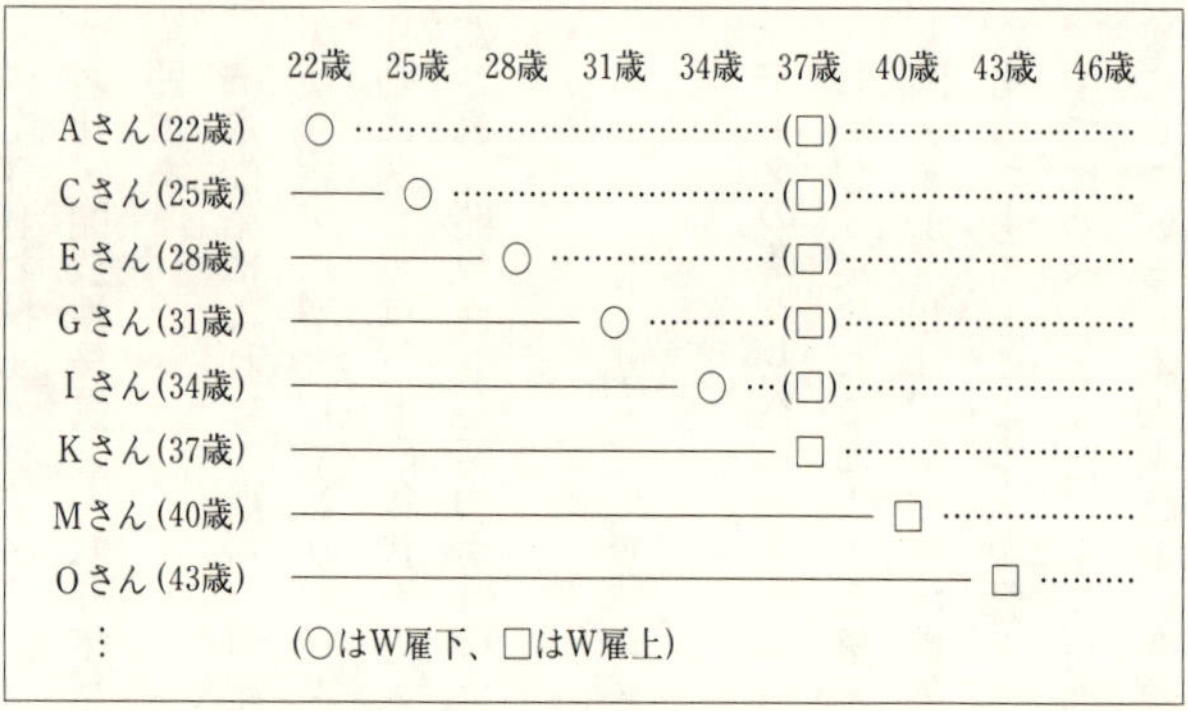

図2・3　本人現職で測ると…

の職業、二一歳の人の職業、……、六九歳の人の職業がふくまれる。

典型的な管理職のキャリアを思いうかべてほしい。有名大学卒の幹部候補生ぶくみの採用でも、日本の会社では平社員からスタートする。彼ら彼女らが管理職（課長級以上）に到達するまでの期間は、企業によって差があるが、一四～一六年ぐらいである。幹部候補生ぶくみの採用の場合、管理職相当への昇進自体はなかば約束されているが（最近は例外も多くなったが）、昇進するまではあくまでも事務職、つまりW雇下である。

今、かりに父がW雇上の人、つまりW雇上出身者は必ず大卒で幹部候補生として採用されるとしよう。ただし、スタート点は平社員で、一五年で管理職に昇進するという人事制度になっている。この場合、本人現職で測れば、父がW雇上のうち約三分の一、年齢でいえば二二～三六歳ぐらいの人間はW雇下になる。本当は全員W雇上になれるのに、数値の上では三分の二しかW雇上にならないのである。もちろん、その分、W雇上でもW雇下でも、オッズ比は下がり（本当は分母が一つ○になる）、開放性係数は上がる。数値上は、より開放的にみえるのだ！

図にかけば図2・3のような具合である。

新中間大衆論の錯覚

要するに、事務職を経て管理職へ昇進するといった、長期のキャリアコースが設定されている場合には、本人現職を世代間移動の到達点にするのは適切ではない。一時点での職業はキャリアコースという線の一部になっているので、実感とはなれた数値をだしてしまう。こうした線ゆえの効果を「経路依存性」という。

戦後の日本で、この種の経路依存性がみられるのは、管理職と専門職の一部、そして商工自営と農業である。自営業でも、跡継ぎの子どもが若いころは他の会社で勤め人をやって、やがて家業をつぐケースはしばしばみられる。ただ、自営業の場合、そういうルートが正式に制度化されているわけではなく、家族従業者で見習いや引退をまつことも多い。それに対して、管理職と専門職の一部にみられる事務職からの昇進コースは、戦後の高度成長期に多くの企業で制度化された。それだけに数値にあたえる影響も大きい。

本人現職でみてきた従来の測り方には大きな欠陥があるのである。特に戦後のW雇上とW雇下で、大きな錯覚をうむ危険性が高い。それはすなわち、「日本社会はだんだん開かれている」という従来の定説があまり信頼できないということでもある。

実は、さきほど引用した村上泰亮の新中間大衆論も同じ種類の誤りをおかしている。村上は日本社会の「階級のなさ」を、(a)親子間の地位の継承性の低さと、(b)社会的地位の非一貫性（例えば学歴は高いが年収は低い）という二つの面から考えたが、経路依存性がある場合、(a)継承性だけでなく、(b)地位の一貫性も攪乱される。例えば、やがてW雇上に昇進する幹部候補生も、二〇～三〇代前半の事務職の間は収入はあまり高くない。職業威信もさほど高くないが、学歴だけはきわめて高い。その上、戦後はかなり急速に高学歴化が進んでいるので、若い世代ほど四年制大学卒が多い。だから、W雇上予備軍だからというだけでなく、たんにより若い世代だというだけでも、学歴が高くなる。つまり、W雇上予備軍は事務職の間、収入や職業威信にくらべて学歴だけがとびぬけて高い。すなわち、地位が非一貫的なのである。

村上はこの点を見落としており、その分、「階級のなさ」を過大評価する形になっている。第三章でみるように、新中間大衆論がすべてまちがいなのではなく、八〇年代前半までの日本社会は経路依存性を考慮してもかなり開放的ではあるが、村上がいった意味で「新中間大衆がある」とはいいがたい。

四〇歳時職に注目する

では、どうすればこの経路依存性をクリアできるだろうか。

経路依存性とは、職業が本来キャリアという『線』でもあるのに一時点の『点』でしかとらえられない——いわば『線』と『点』の問題である。職業キャリアを『線』でとらえる方法も以前から研究されているが、残念ながらわかりにくいし、複雑な統計手法だとさらにつっこんだ分析がやりにくい。それゆえ、ここではむしろ『線』をよりよく代表する『点』をみつけることを考えよう。

世代間移動の出発点は「父の主な職業」である。これにもっとも自然に対応するのは「本人の主な職業」だろう。「主な」という意味づけはむろん一律にはとらえられないが、職業キャリアはSSM関連の研究でもかなり解明されており、労働経済学などの経済学の分野でも研究の蓄積がある。それらから共通していえるのは、二〇代や五〇代以降では転職などの変動がかなりあるが、四〇代は転職が少なく、かなり安定している。SSM調査でみるかぎり、これは時代や学歴のちがいをこえて広くあてはまる。

したがって、「本人の主な職業」としては、本人の四〇代の職業が適当である。ちなみに「父の主な職業」についても、八五年SSM調査から「本人が一五歳の時の父の職業」と九五％重なることがわかっており、父子の平均的年齢差を考えると、「父の主な職業」は「父の四〇代の職業」にほぼ重なる。その意味で、本当は経路依存性があってもなくても、「本人の主な職業」としては本人四〇代の職業がふさわしい。

さて、本人四〇代の職業というのも『線』であり、これをさらに『点』になおす必要がある。理想的には、(a)四〇代でもっとも長くついた職業や、(b)四五歳時点の職業がのぞましいが、(a)だと五〇歳以上の人、(b)だと四五歳以上の人でしかわからない。そうなると、調査時点よりもかなり以前の状態しかわからない。そこで、本人四〇歳時点の職業を、世代間移動の到達点とすることにした。四〇代は転職が少ないので、四〇代の職業という『線』をこの『点』で代表させてもあまり問題はないだろう。

もう一つ、特に時代的変化をみていくときには、どの時期のものかも重要である。四〇歳職にせよ現職にせよ、その人がついている職業はそれまでの職業キャリアという『線』の結果である。その人が過ごした二〇年、三〇年分の時間がそこには蓄積されている。世代間移動というのは、二〇年以上の時間をかけて起こる出来事なのである。

したがって、二〇～六九歳という世代幅で測ると、さまざまな時代の影響が混在してしまう。四〇歳以上でもまだ幅が大きい。もっと狭める必要があるが、あまり狭くすると、今度はサンプル数が少なくなって統計的な信頼性に欠ける。そこで各調査年ごとに、四〇～五九歳をぬきだすことにした。四〇歳以上のなかでも若い方にしぼることで、より現在に近い状況がわかるし、四〇歳職の回答もより正確になるはずである。

「団塊の世代」での反転

そこで、それぞれのSSM調査のなかから四〇～五九歳の男性だけをとりだして、父主職×本人四〇歳職で世代間移動を調べてみた（ただし四〇歳時点での有職者のみ）。図2・4がそのオッズ比、図2・5が開放性係数である。ファイ係数をふくめて細かい数値は巻末の表2・4～6にのせてある（参考のためW自営の数値も付記しておく）。ファイ係数についてはやはりここでは省略し、第三章の2でふれることにする。

なお、区別しやすくするために、各グループは出生年で示しておいた。一八九六～一九一五年というのは五五年調査の四〇～五九歳、一九〇六～二五年というのは六五年調査の四〇～五九歳、以下同じで、最後の一九三六～五五年というのは九五年調査の四〇～五九歳である。こういうふうにわけると、日常的につかう世代観とも近くなる。前後一〇年ずつ重なっているが、大まかにいえば、順に、「明治のしっぽ」「大正世代」「戦中派」「昭和ヒトケタ前後」「団塊の世代」という感じになる。欠損値などをのぞいたサンプル数は、順に、七三九人、六四二人、九三〇人、九四三人、四八〇人である。

図2・4と図2・1、図2・5と図2・2を見くらべてほしい。まったく様子がちがう。サンプル数が少なくなるため、図2・4や図2・5の統計的な信頼性は図2・1や図2・2にくらべてやや劣る。特に最後の一九三六〜五五年生まれの「団塊の世代」は、調査の設計上、A

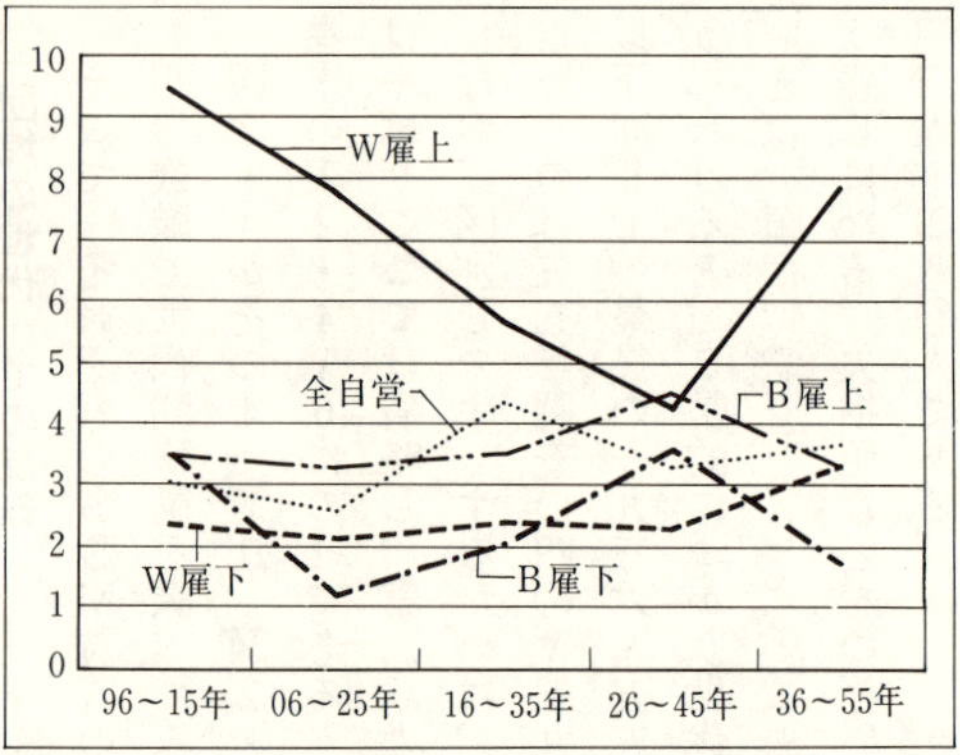

図2・4　出生年代別・父主職×本人40歳職のオッズ比

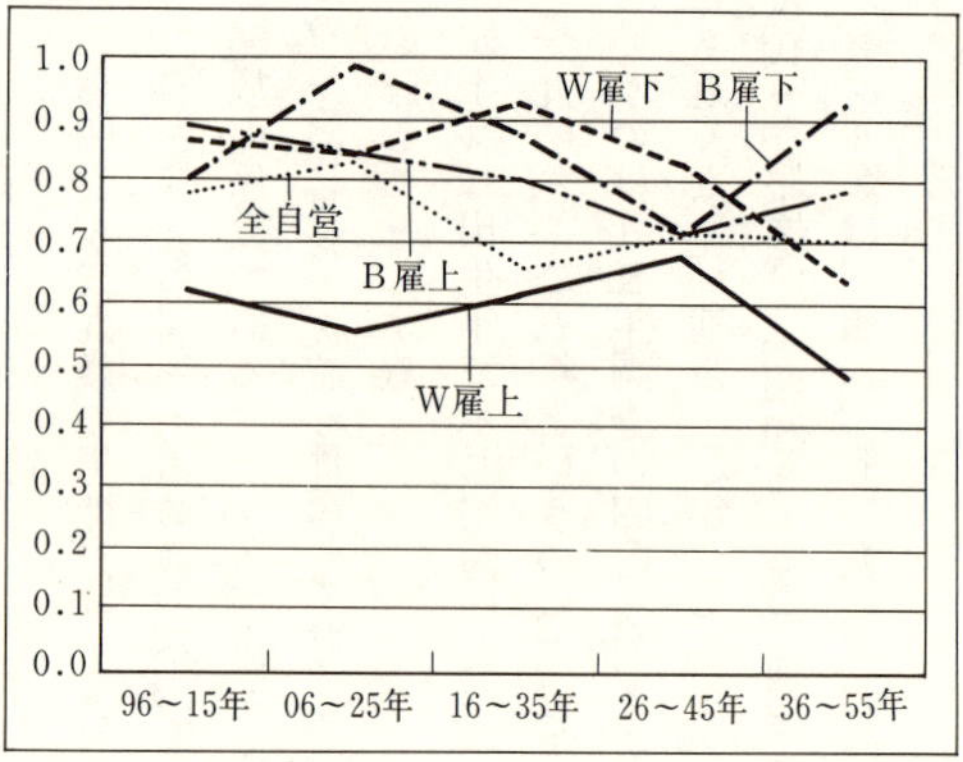

図2・5　出生年代別・父主職×本人40歳職の開放性係数

票でしか四〇歳職がわからないので、サンプリング誤差がかなり見込まれる（【解説2】）。また、各世代はそれぞれ一〇年ずつ出生年が重なっているので、極端に数値がかわればかえって不自然である。したがって、最終的には次の二〇〇五年SSM調査の結果もみる必要があるが、現在のデータでみるかぎり、まったくちがった動向が出現している。

それはW雇上とW雇下でとりわけ顕著である。

まずW雇上のオッズ比＝『なりやすさの格差』でみると、最初の世代「明治のしっぽ」は九・四とやはり高い。父親がW雇上だった人は、そうでない人とくらべると、本人四〇歳職でも約九倍、W雇上になりやすいのである。

それが「大正世代」「戦中派」「昭和ヒトケタ」と順調に下がっているが、最後の「団塊の世代」で七・九と反転上昇しており、「大正世代」とほぼ同じ水準で、いわば戦前に戻っている。「団塊の世代」では、父親がW雇上だった人は、そうでない人とくらべて、本人四〇歳職では約八倍、W雇上になりやすい。

オッズ比の変化に関しては、ログリニア（対数線型）分析という統計手法をつかって検定することができる。表2・7は、各世代におけるW雇上のオッズ比の間に「差がある」かどうかを検定した結果である。p値が小さいものほど、「差がある」といえる（【解説2】）。

やや見づらい表で申し訳ないが、要するに「差がある」といえるのは二つ、一八九六〜一九一

	p値
1896～1915年生まれ／1906～1925年生まれ	0.713
1906～1925年生まれ／1916～1935年生まれ	0.432
1916～1935年生まれ／1926～1945年生まれ	0.406
1926～1945年生まれ／1936～1955年生まれ	0.094
1896～1906年生まれ／1926～1945年生まれ	0.071
1906～1925年生まれ／1936～1955年生まれ	0.992

表2・7　各世代におけるW雇上のオッズ比の比較

五年生まれの「明治のしっぽ」と一九二六〜四五年生まれの「昭和ヒトケタ」の間、そして「昭和ヒトケタ」と一九三六〜五五年生まれの「団塊の世代」の間である。オッズ比が「昭和ヒトケタ」までは次第に低下した後、「団塊の世代」で反転上昇したのが裏づけられる。

W雇下は、W雇上以上に強烈である。オッズ比でも開放性係数でも、「明治のしっぽ」より「団塊の世代」の方が閉鎖的になっている。高度成長期にかかる中間の三つの世代でも、それほど開放的になったとはいえない。図2・1〜2でのW雇上とW雇下の開放性は、かなりの部分、見かけ上のものなのである。

それに対して、B雇下はオッズ比と開放性係数ともに、より開放的になっている。B雇上はオッズ比と開放性係数で動向がことなり、数値の変動もあまりない。

（なお、ここには技術的な問題が一つある。W雇上を例にとると、中小企業では純粋な管理職は少なく、商業系なら販売職、工業系なら熟練職や非熟練職を兼務しているケースが多い。これらをどちらに分類するかで、W雇上の性格はかわってくる。管理職への分類は一応三〇人以上の企業を目安にしているわけだが〔第一章〕、ある程度のぶれが発生する。具体的にいえば、七五年調査で職業分類が少しずれている可能性がある。〕

開放性バブルの崩壊

先にみたように、本人現職で測ると、日本社会は全自営をのぞいて「努力すればナントカなる」、より開かれた選抜社会になったように見える。ところが、本人四〇歳職で親子の地位の再生産をより的確にとらえると、「より開かれた」とは到底いいがたい。最後の「団塊の世代」では、戦後生まれたホワイトカラーの開放性がうしなわれ、戦前と同じぐらい「努力してもしかたない」社会になっている。

よく知られているように、高度成長から安定成長への流れのなかで、日本の企業は右肩上がりの拡大をつづけてきた。その分、専門職・管理職のポストもふえ、それが学歴獲得の選抜システムの範囲の拡大とあいまって、W雇下やB雇下などから、多くの人間をW雇上によびこんだ〔第三章1でのべる〕。「昭和ヒトケタ」世代までは、オッズ比が大幅に下がるのにくらべて、開放性係数はそれほど変化せず、〇・六前後で推移していることからも、それは裏づけられる。

W雇上の場合、開放性係数は父がW雇上の人のうちどのくらいがW雇上でない職業についてい

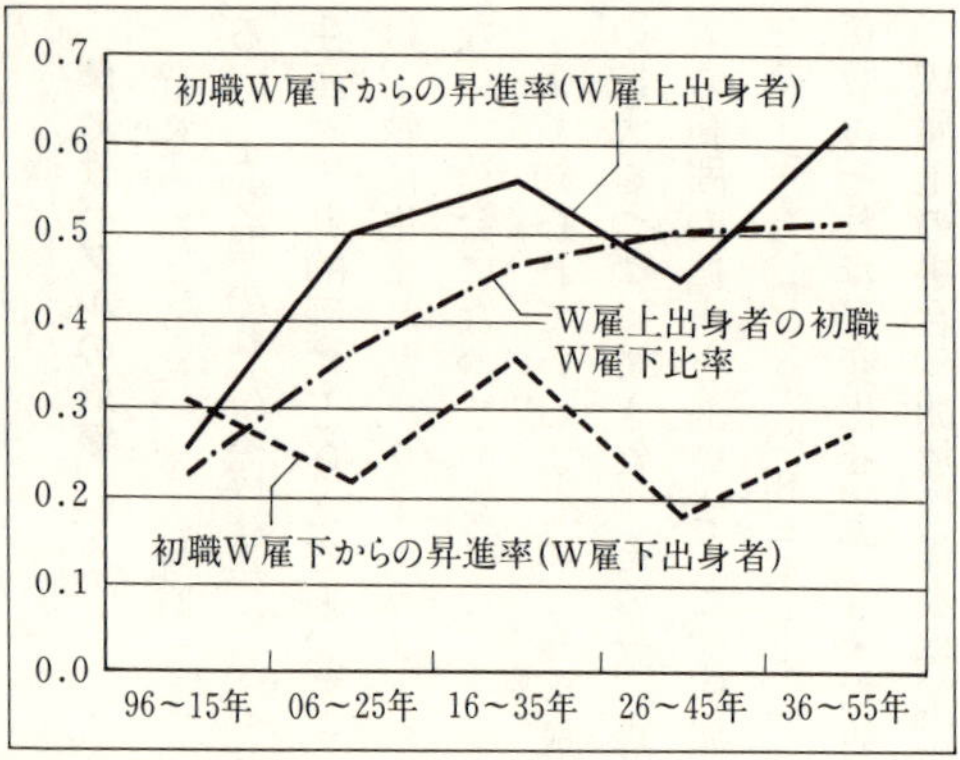

図2・6　40歳職W雇上へのルート

るか、つまりどれだけ流出していったかを示す。だから、開放性係数が変化しないというのは、流出する量はあまりかわらなかったことを示す。W雇上の世襲率、すなわち父がW雇上の人のうちどのくらいが自分も四〇歳職でW雇上につくかをみても、「昭和ヒトケタ」まではほぼ五割で安定している（図3・8）。にもかかわらず、オッズ比が九・四から四・三まで大幅に下がった、つまり『なりやすさの格差』が縮まったのは、W雇上以外からの流入がふえたからである。

実際、初職でW雇下についた人々のうちどのくらいが四〇歳職W雇上についているか、W雇上出身者とW雇下出身者それぞれでくらべると、図2・6のようになる。W雇下出身者、つまり父主職がW雇下だった人が四〇歳職でW雇上に昇進する率は、七五年調査の「戦中派」世代で一時的にふえただけで（これは職業分類のずれの影響とも考えられる）、後はほぼ二〇%台の横ばいなのである。

別の角度からいえば、W雇上の世代間再生産は、高度成長期にもなくなったわけではない。初職でW雇下を経由するというキャリアコースが制度化された上、他からの流入が多くなったために、見えにくくなったにすぎない。

つまり、「団塊の世代」での閉鎖化とは、戦後の経済成長の効果が消えた後、W雇上の世代間再生産というハードコアが残ったということなのである。いわば開放性のバブルがはじけたのだ（第三章2）。

「上／中／下」のイメージ

W雇上は専門職・管理職のホワイトカラーで、いわゆる「よい仕事」についている人たちである。「よい仕事」というと職業に高低をつけるようでいやだが、現実に序列意識があるのも事実である。SSM調査では階層の調査と並行して、「職業威信」＝職業につけられる高低の序列意識の調査をやって、職業威信スコアをだしている（【解説1】）。これは代表的な職種をあげて、回答者につけてもらった高低の得点《スコア》を平均したものである。各職業の職業威信スコアについては七五年と九五年でほとんど変化せず、職業差もあまりない。高低の序列意識はかなり強固に存在しているといわざるをえない。

W雇上はその職業威信でもきわめて高く、学歴も収入も高い（第三章1）。さらに、年功序列的に収入がふえる点で、より安定された生活を保証されている（第一章）。その意味で彼らは社会の上層をなしており、「選良《エリート》」といってよいだろう。当然ながら、この「選良《エリート》」に、優れた人間という意味はない。たんに、地位獲得の競争で勝ち残った、というだけである。

「エリート」の語感からすると、W雇上全体をこうよぶのはやや拡大解釈かもしれない。三六〜五五年生まれの「団塊の世代」では、四〇歳職W雇上が二五%を占める。一九世紀イギリスの感覚でいえば、この比率はむしろ「中間階級《ミドル・クラス》」というのがふさわしい。おそらく現在でも、西ヨーロッパの感覚では「中間層」とか「中流階級」により近いだろうが、戦後日本の感覚だと、W雇上を「中間層」「中流階級」とよぶのはやはりそぐわない。

「上／中／下」が日本でどうイメージされているかについては、八五年SSM調査が面白い質問をしている。「かりに日本の社会全体のひとびとを、上、中、下の三つの層に分けるとすれば、上の層は何パーセントぐらいいると思いますか、下の層は何パーセントぐらいいると思いますか」とたずねたのである。

「中」が何%いると思われているかは、全体から「上」と「下」を引けばよい。男性でみてみると、「四〇%」より低い数値を答えた人が全体の二五%、「七〇%」より高い数値を答えた人が全体のやはり二五%いる。つまり、男性の半分は、日本社会の「中」は全体の「四〇%」〜「七〇%」ぐらいを占めると考えている。一九世紀イギリスとはちがい、「中」がふくらんだ形になっている。

知識エリートの再生産

「上」はもっと明確である。「一〇%」より低い数値を答えた人は全体の二三%、「三〇%」より高い数値を答えた人は全体の一〇%で、あわせても男性全体のほぼ三分の一。つまり、男性のほぼ三分の二が「一〇%」～「三〇%」の数値を答えている。「下」は約六〇%が「一〇%」～「三〇%」の間を答える。「上/中/下」全体の形状については、宮野勝らが分類しているが、「中」が半数以上を占める『中』集中型」がやはり全体の半分ちょっとを占める。

したがって、W雇上を「上」とよんでも、「上/中/下」の比率の点ではおかしくない（もちろん「上」を「一〇%」～「三〇%」と答えた人たちが、「上」とはW雇上だと考えていたとはかぎらない）。階層帰属意識、つまり自分の位置をきかれると「上」と答えるのは八五年調査で二%しかいないのだが、他人をみると、三分の二が「上は一〇人に一～三人くらいいる」と答える。これ自体もいろいろ考えると興味深いが、ここでは、そのくらい「上」がいるとされていることだけ確認しておく。

「上」や「中」の中身をめぐっては階層論の内外でさまざまな議論があるが、英語の"middle class"にしても定着するのは一八世紀後半以降である。その時代と社会状況に応じて「上」「中」の中身はかわりうる。戦前の「山の手階級」や「イギリスの中産階級」こそが本当の中流なのだ、といってもあまり意味はない。

そういう点を考えると、選抜を通じて再生産されるW雇上を、ここでは戦後日本の「上」として、あえて拡大解釈的だが「選良《エリート》」とよびたい。いうまでもなく、W雇上は決して均質な集団ではない。管理職は従業員三〇人以上の企業の課長級以上なので（第一章）、全員が大企業に勤めているわけではない（むろん大企業イコール優良企業ではないが）。また、専門職のなかには収入の低い人々もいる。

それでも、学歴や収入や職業威信でみれば、W雇上は平均的にはやはり高い地位にある（第三章）。専門職や管理職という知識労働型の職業につく点でいえば、W雇上は日本社会の「知識エリート」とよびうる。この知識エリートが世代を超えて再生産されているのだ。

「学歴社会」のハードコア

W雇上の経路依存性を考えると、第一章でみた本人現職と理想の資源配分原理との対応もよりわかりやすくなる。例えば、現職W雇下の人々のなかにはW雇上予備軍がいる。W雇下でも実績主義が高いのもその影響かもしれない。

本人四〇歳職でみてみたいところだが、理想の資源配分原理をきいた九五年調査B票では、残念ながら本人四〇歳職がわからない。先にのべたように、本人四〇歳職がわかる職歴はA票でしかきかなかった。職歴を丹念にきくのは、最近では大変な作業なのである。九五年調査分で本人四〇歳職のサンプル数が特に少ないのも、そのためである。

　本人四〇歳職の代理指標としては親の学歴や本人の学歴が考えられるが、実際、表1・3のように、本人学歴や父学歴と理想の配分原理は、きれいな対応を示す。学歴が高いほど実績主義にかたむくのである。ちなみに、父学歴と理想との関係は図2・7のようになる（ただし、ここでの中学には小学校をふくまない。旧制の高等小学校は中学、旧制中等学校は高校、旧制高校・専門学校は大学にいれた）。

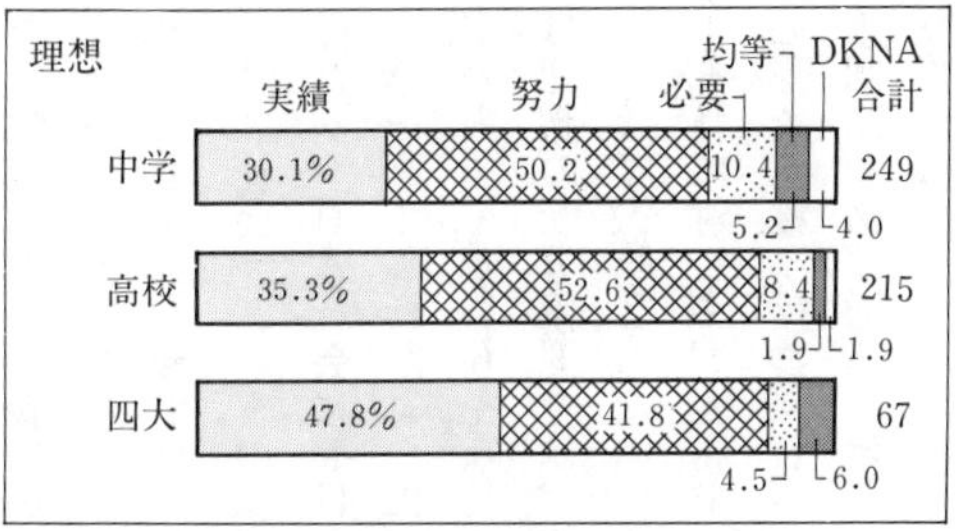

図2・7　父の学歴と理想の資源配分原理

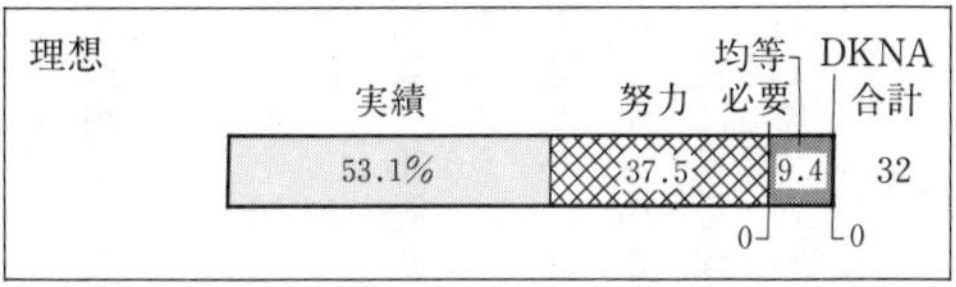

図2・8　父四年制大学卒で本人現職W雇上における理想の資源配分原理

　すぐ後でみるように、四〇歳職W雇上の人々は父の学歴も高い（図3・3）。つまり、父の学歴が高いほど、W雇上への選抜では有利になる。親の学歴は本人にとって、スタート点の有利さ、「目に見えない」資産となっている。その意味では、実はあらかじめ有利な人間ほど実績主義にかたむいているといえる。

なかでも強烈なのは、父学歴が四年制大学で本人がW雇上の人々である。彼らの考える理想的配分原理は図2・8のようになる。

「学歴社会」というのは、ふつう学歴を重視される社会とされている。それももちろん重要な要件だが、日本社会における「学歴」はもっと強烈な意味をもっている。

第一章でふれたように、自営業も不動産や顧客といった資産に影響されやすい職業である。巻末の表2・4〜6をみればわかるように、W自営などは特に生まれによる格差が大きいが、彼らは理想の配分原理では、努力主義にかたむく。その理由はもちろんいくつかあるだろうが、一つには「本人によらない」力をたえず意識させられるからだろう。

それに対して、W雇上も実は目に見えない資産に影響される。もちろん、営業資産が相続などの形で直接うけつがれるのに対して、W雇上の再生産は学歴にせよ昇進にせよ、本人の努力という回路を必ず通る。けれども、その「本人の努力」が本当に本人だけの力によるものならば、親の職業によってW雇上へのなりやすさがかわるわけはない。世代間再生産がみられること自体、「本人の努力」なるものが、決して本人による努力ばかりではないことを意味する。

にもかかわらず、高い学歴をもつ人間は実績主義にかたむく。自分の地位を実力によるとみなせる。親の学歴や職業といった資産が、選抜システムのなかで「洗浄《ロンダリング》」されているようなものだ。

「本人の努力」という形をとった学歴の回路をくぐることで、得た地位が自分の力によるものになる。だからこそ、自分の地位を実績主義で正当化できたり、努力主義を「負け犬の遠吠え」とみなせたりする。そういう魔力こそが、「学歴社会」の「学歴社会」たるゆえんなのだ。

これが日本の選抜社会の現実なのである。

第三章　選抜社会の空洞化——粘土の足の巨人

1 「階層の戦後」の終焉

縮まらない格差

知識エリートという点でいえば、四〇歳職W雇上という『点』は現職W雇上よりはっきり知識エリート層をとりだしている。

本人四〇歳職でみた場合、W雇上は職業威信スコアはもちろん、学歴や年収でも、他の職業にくらべて一・二〜一・五倍高い（年収は調査時点のもの）。

図3・1は、「小学校／中学／高校／短大／大学」の五段階をそれぞれ一点〜五点の得点にした学歴スコアの平均値、図3・2は、各調査時点での平均年収を消費者物価指数で割ったものである（物価指数は九五年を一〇〇とした）。五五年、六五年調査と七五年以後では質問のしかたなどがちがうので、厳密な比較にはならないが、階層間の格差はあまりかわっていない。何が買えるかという生活水準では世代ごとに着実に豊かになっているが、相対的な貧富の差に大きな変化はない。（収入の平均値のかわりに中央値でみても、この結果はほとんどかわらない。）

この年収の値には一種の集計のトリックがあり、これが生涯収入にそのままつながるわけではない。図1・6でみたように、W雇上は年齢があがるにつれて収入もあがる。したがって、四〇歳未満の間の収入はもっと低いし、W雇下である間はなおさらそうである。

それを考慮しても、半世紀の間、あるいは「明治のしっぽ」を除いても、戦後の高度成長期以降、四〇歳以上にかぎれば格差は縮まっていない。みんながそれなりの豊かさを手に入れるなか、

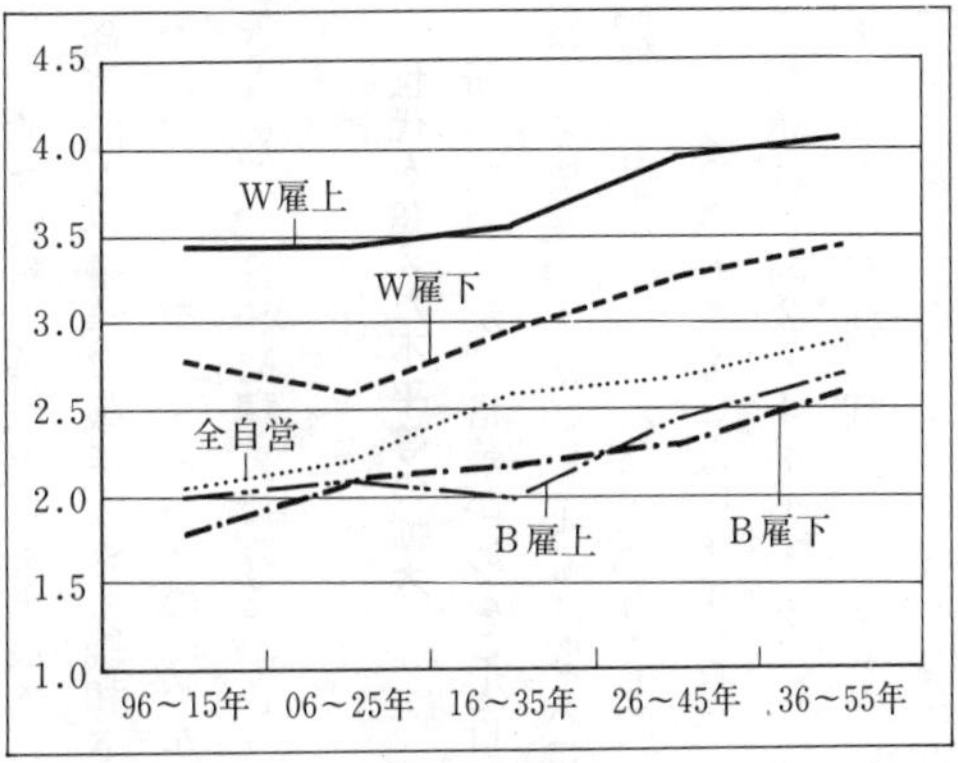

図３・１　本人40歳職ごとの本人学歴スコア

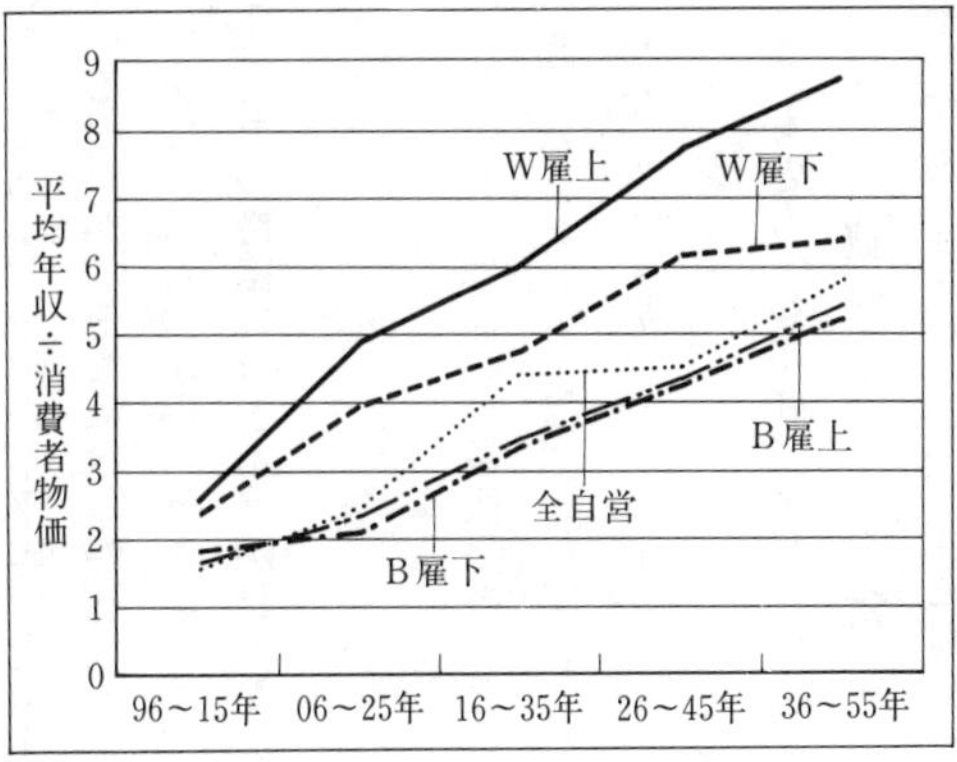

図３・２　絶対的な豊かさと相対的な豊かさ

相対的な貧富の差はそのまま残されていたのである。分配の不平等度を示すジニ係数でみると、経済的な不平等は戦後大きく緩和されているのだが、そこには年齢構成の影響もあるのかもしれない。収入のデータというのはなかなか信頼できるものが得られないので、大雑把な議論しかできないが、SSM調査でみるかぎり、世代内での格差はほとんどかわらなかったといえよう。

世代を超えた不平等の拡大

断っておくが、格差があること自体がわるいのではない。最低限の社会保障さえあれば、本人による成果のちがいに応じて収入に高い低いがでるのは自然だし、正しいことだと私は思う。「何でも平等」「みんなが一番」というのはたんなる「悪平等」でしかないし、理想の配分原理として支持されてもいない（第一章）。

問題は、図2・4が示すように、W雇上がもともと親子間で継承されやすい、いいかえれば生まれによる有利不利が他よりも強いことにある。彼らが得ている地位は、絶対的にも、そして「他の職業とくらべて」という相対的な意味でも、本人による成果とはいいがたい。そもそも、本人による成果であれば、親の職業によってW雇上へのなりやすさが四～八倍もちがうはずはない。

実際、本人四〇歳職で父学歴の平均スコアをみると、図3・3のようになる。専門職・管理職であるW雇上は一貫して父学歴が高く、一九三六〜五五年生まれの「団塊の世代」では、W雇下との格差がむしろ拡がっている。もう一つ、この世代では全自営も父学歴が高くなっており、本人の経済的な地位と父学歴との関連性が強まっているのがわかる。

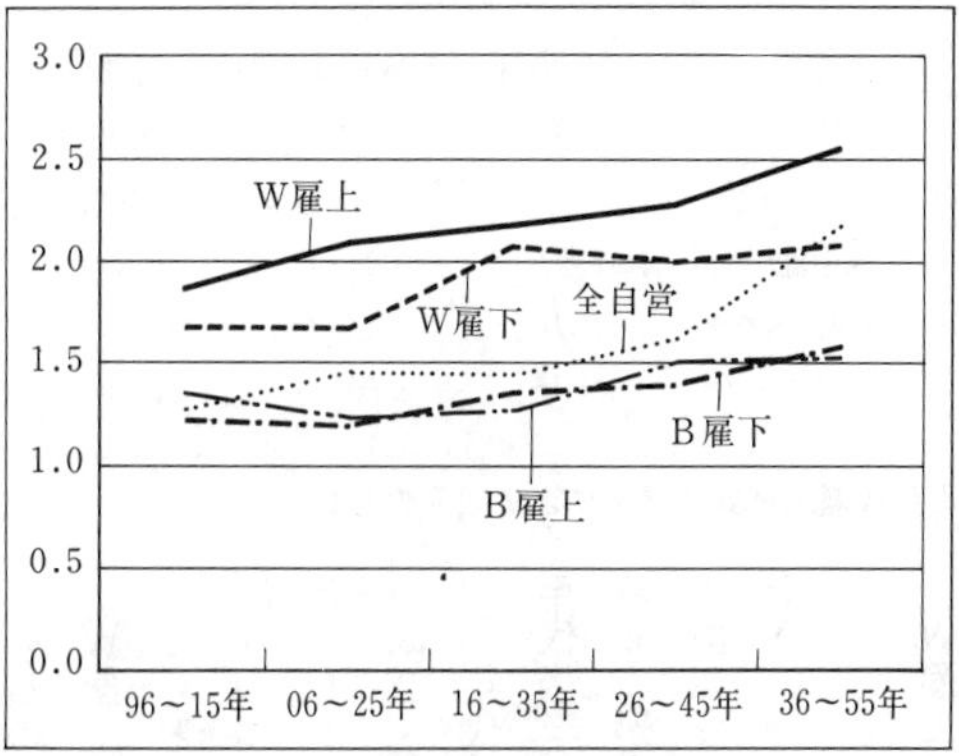

図3・3　本人40歳職別の父学歴

いうまでもなく、これは不平等を拡大する方向に働く。例えば、本人もW雇上、親もW雇上なら、すでに親の世代で高い収入があり、持ち家など資産もためやすい。親世代の豊かさが、教育と資産の二つの回路を通じて、本人世代の豊かさに追加される（経済学的な分析としては、例えば石川経夫編『日本の所得と富の分配』を参照）。

実際、W雇上出身者であるかどうか、つまり父がW雇上だったかどうかで本人の平均年収がどうちがってくるかをみると、表3・1のようになる。

五五年調査の「明治のしっぽ」は調査票の収入カテゴリーの幅が広いので、数値自体あまり信頼できないが、少なくとも七五年調査の「戦中派」以降、父がW雇上出身であるかどうかによって本人の収入にこれだけ差がで

	W雇上出身	非W雇上出身	（p値）
1896～1915年「明治のしっぽ」	56万	57万	(0.951)
1906～1925年「大正世代」	113万	72万	(0.002)
1916～1935年「戦中派」	313万	232万	(0.000)
1926～1945年「昭和ヒトケタ」	602万	445万	(0.000)
1936～1955年「団塊の世代」	841万	605万	(0.000)

表3・1　出身W雇上／非W雇上による収入のちがい

ているのである。

W雇上の世代間再生産は、収入や資産の格差を拡げる効果ももっている。とりわけ「団塊の世代」で、W雇上の継承性は戦前のレベルに戻りつつある。親子の地位の再生産が資産におよぼす効果まで考えると、トータルの経済的格差はさらに拡大しつつあるのではないか。

図2・4や図2・5をみると、全体的な流れとしては、日本社会は六〇年代後半から八〇年代前半までは次第に開かれていったが、八〇年代後半以降、逆に閉じつつある。世代間移動は二〇～三〇年の長い時間をかけて起こる出来事なので、単純に時代時代とむすびつけるのはあぶないが、私たちの生活実感とあわせて、あえて大まかにいえば、そういっていいだろう。

W雇上の再生産が見えなくなる

戦後の開かれた社会をつくりだした第一の要因は、やはりW雇上という知識エリート層での開放性の上昇である。

戦前の日本社会では、高い学歴を得られればすぐに専門職や管理職の仕事につける一方、成績がよくてもお金がなくて進学できない子どもがたくさんいた。実際、一八九六〜一九一五年生まれの「明治のしっぽ」世代では、W雇上出身者は学校をでた後すぐにW雇上につく。W雇上の子どもがW雇上になるのは、誰の目にも明らかであった。

それに対して、戦後は生活水準があがって、進学機会そのものは大幅に開かれた。少なくとも形式的には平等な形で、高い学歴をめざす進学競争が展開されるようになった。そして、就職後も、最初はW雇下につき、そこからW雇上への昇進競争がはじまる。もちろん実際には、採用時に管理職までの昇進はなかば約束されているが、競争は競争であり、機会はより開かれていた。幹部候補生ぶくみの採用でも四〇歳までに管理職につけない人もいたし、低い学歴でもがんばってどんどん昇進していく人もいた。

そのなかで、次第にW雇上の再生産は目立たなくなっていく。エリートの幅を狭めれば、つまり、例えば有名大学卒や大企業の管理職といった「エリートらしいエリート」にかぎれば、再生産の度合いはもっと高いだろうが、それでも、戦後の社会が八〇年代前半ぐらいまでは、より開かれた機会を提供してきたことは事実である。

すでにのべたように、W雇上の再生産がなくなったわけではないが、少なくとも形の上では、選抜される機会が多くの人に開かれていったのである。さらに、実質的にも、オッズ比がほぼ二分の一になっており、W雇上以外の出身者がW雇上になりやすくなった。その結果、W雇上の再生産が目に見えにくくなったのだ。

それとともに、再生産のあり方自体もかわっていった。戦前世代の「明治のしっぽ」では、W雇上出身者は高い学歴をつけた後、すぐにW雇上につく。いわば直接再生産されていた。それが戦後になると、学歴をめぐる競争、昇進をめぐる競争のなかで、長い時間をかけて再生産されていく。W雇上の再生産は、選抜機会の拡大のなかに潜在化していっただけでなく、そのメカニズム自体が選抜システムの海に深く潜航していく。

その様子は図2・6でみたとおりだが、もっと単純化すると図3・4になる。W雇上出身者とW雇下出身者では、昇進競争のなかでもつねに格差がある。この格差は入社時の学歴を反映している部分があるが、その学歴もまた進学競争という選抜のなかで獲得されたものである。

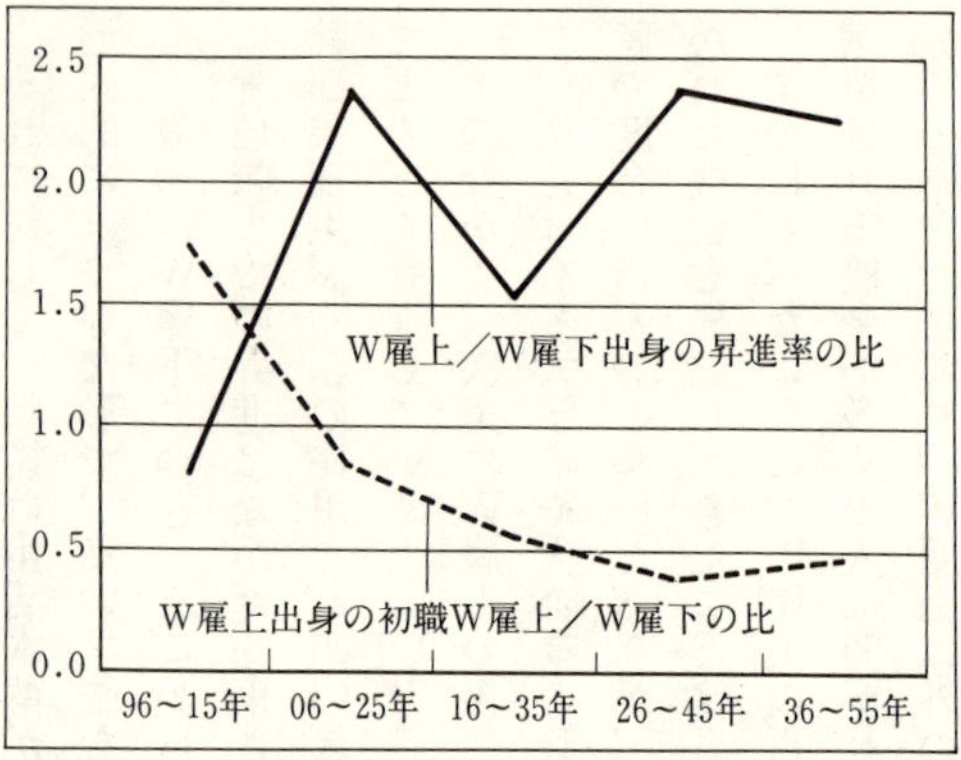

図3・4　W雇上の再生産メカニズムの変遷

この選抜を通じた再生産メカニズムは、従来から気づかれなかったわけではない。SSM関連でも今田高俊が教育を通じた階層固定化を指摘しており、経済学でも例えば樋口美雄が、(1)親の収入と子どもの進学とが強く関連しており、(2)四年制大学卒が管理職になりやすいことを示している。けれども、直接検証されたことはなかった。

SSM調査のデータで父主職と本人四〇歳職をみてみると、親の社会経済的地位が子の社会経済的地位に再生産されているのがはっきりわかる。図2・6や図3・4でわかるとおり、再生産メカニズムは選抜のなかに埋めこまれて、維持されていたのである。

ホワイト／ブルー境界の横断

四〇歳職への世代間移動を少しくわしくみていくと、「戦中派」「昭和ヒトケタ」を中心に、W雇上再生産の潜在化のほかに、もう二つ、戦後に特徴的な移動の流れが発見できる。

一つは、ホワイトカラー／ブルーカラー境界の横断である。西欧の産業社会では、ブルーカラーとホワイトカラーの間に高い壁があるといわれる。ところが、戦後の日本社会では、B雇下、すなわち半熟練・非熟練ブルーカラー出身者が四〇歳職でW雇上になるという、ホワイト／ブルー境界を横断する流れがみられる。

ここには、日本のB雇下の特徴があらわれている。彼らのうち、中大規模の工場労働者は、「会社《カイシャ》」の世界に属しており、企業の専門職・管理職であるW雇上ともつながる。いわばホワイトとブルーの交差点であった。

これも戦後の選抜システムの拡大と深くかかわっている。六五年SSM調査のデータをみると、戦前のB雇上・下の子どもは経済情勢がわるくなると進学しなくなる。戦後にはそうした絶対的な経済的格差が少なくなり、ホワイト／ブルー境界を横断する流れが継続的に生みだされた。

同じようなことはW雇下にもいえる。W雇下出身者は初職でB雇下に流れるとともに、四〇歳職ではW雇上にもなる。B雇下という交差点でホワイト／ブルー境界を横断する流れがあり、その分、社会が分極化せず、ゆるやかな連続体をなしていた。そして、第一の特徴であるW雇上再生産の潜在化と同じく、この横断性という第二の特徴も「団塊の世代」で消えている（図3・5）。

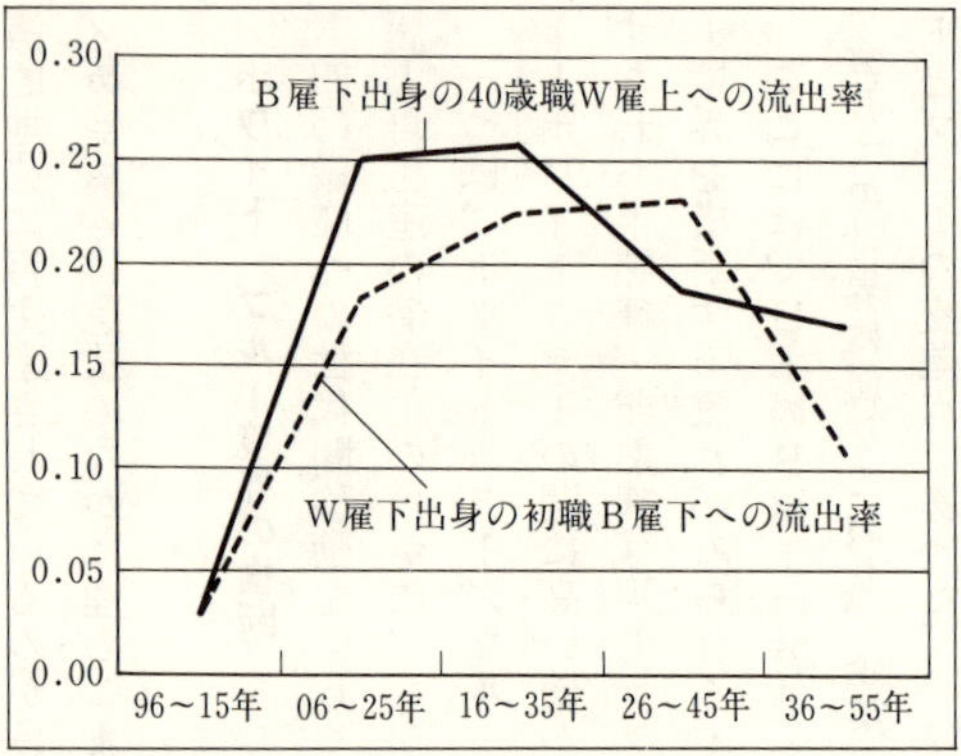

図3・5　ホワイト／ブルー境界の変遷

一国一城の主になる

第三の特徴はB雇上・下から自営への移動である。

あまり注目されることがないが、自営をめぐる移動も産業社会の変遷をよくうつしだしている。例えば一八九六〜一九一五年生まれの「明治のしっぽ」世代では、本人初職から四〇歳職への移動をみても、W雇下やB雇上、B雇下と自営との間の出入りが多い。会社《カイシャ》／自営という境界線がまだなかったのである。

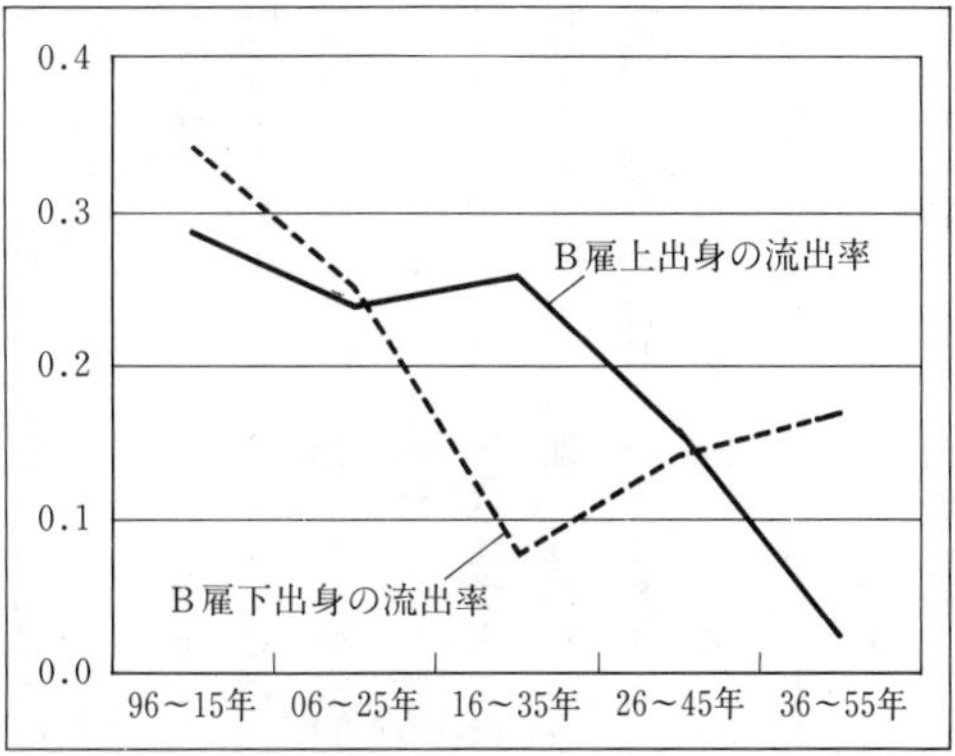

図3・6　ブルーカラー雇用から全自営への流れ

戦後になると、自営業も次第に安定してきて出入りも減るが、B雇上出身者の四〇歳職全自営への流れだけはつづく。図3・6はB雇上・下出身者から四〇歳職全自営への流出率をみたものである。

「大正世代」前後の世代では、B雇上・下から全自営への流出がかなり多い。会社に雇われる労働者から「一国一城の主」へ上昇していった人々がたくさんいたのだ。実際、六五年調査の階層帰属意識をみると、B雇上から全自営へ移動した人々は自分の位置を高く答えている。また、R・ドーアによる五〇年代前半の東京「下山町」のフィールドワークでも、支配人クラス以下の男性従業員四二名のうち、三〇名が将来商工業自営で独立することを望んでおり、うち一三名はその具体的な計画をもっていた。独立自営への途は大きな魅力をもっていたのである。

正確にいうと、B雇上とB雇下では少し性格がちがう。B雇下は会社的世界の住人でもあり、図3・5のように、B雇下出身者にはW雇上への上昇もかなりみられる。それに対して、B雇上は個人レベルの技能をもった職人的職種が多く、企業の規模も小さい。それゆえ、その子どもたちにおいても、自分の腕一本で勝負する自営業が目標になったのだろう。

つまり、一九八〇年代前半まではブルーカラー雇用出身者からは二つの上昇ルートがあった。B雇上とB雇下の一部にみられる全自営へのルートと、B雇下からW雇上へのルートである。戦後の階層社会はB雇上・下の子どもたちにも開かれていた。

そのブルーカラーからの上昇ルートが、「昭和ヒトケタ」の終わりから「団塊の世代」にかけて次第に閉塞している。特にそれはB雇上に顕著にみられ、自営業という「一国一城の主」となるルートがほぼ完全に閉ざされた。また、図3・5でみたように、B雇下出身者においてもW雇上への移動が減り、四〇歳職ではW雇下、つまり事務職・販売職に滞留している。

解除された保護回路

この自営への上昇ルートの閉鎖は、マクロ経済統計にもあらわれている。開業率、つまり新たにつくられる中小企業数の長期低落傾向である。

開業率の数値には、いくつかの種類がある。例えば「アメリカは開業率が廃業率を上回っているが、日本は逆」といわれるのは、従業員のいる企業の開業率・廃業率である。SSM調査にあらわれるような全自営への移動に対応するのは、個人企業の数値や全事業所あわせた数値の方であるが、これらをみると、一九八〇年代前半までは開業率が廃業率を上回っていたのに対して、それ以降は開業率が廃業率を下回る。個人企業・全事業所とも、七〇年代までは日本の開業率は六〜七%あった。それが八〇年代に四%に下がり、九〇年代には三%からさらに下がる勢いをみせている（図3・7参照、開廃業のデータは『中小企業白書』平成十一年度版による）。

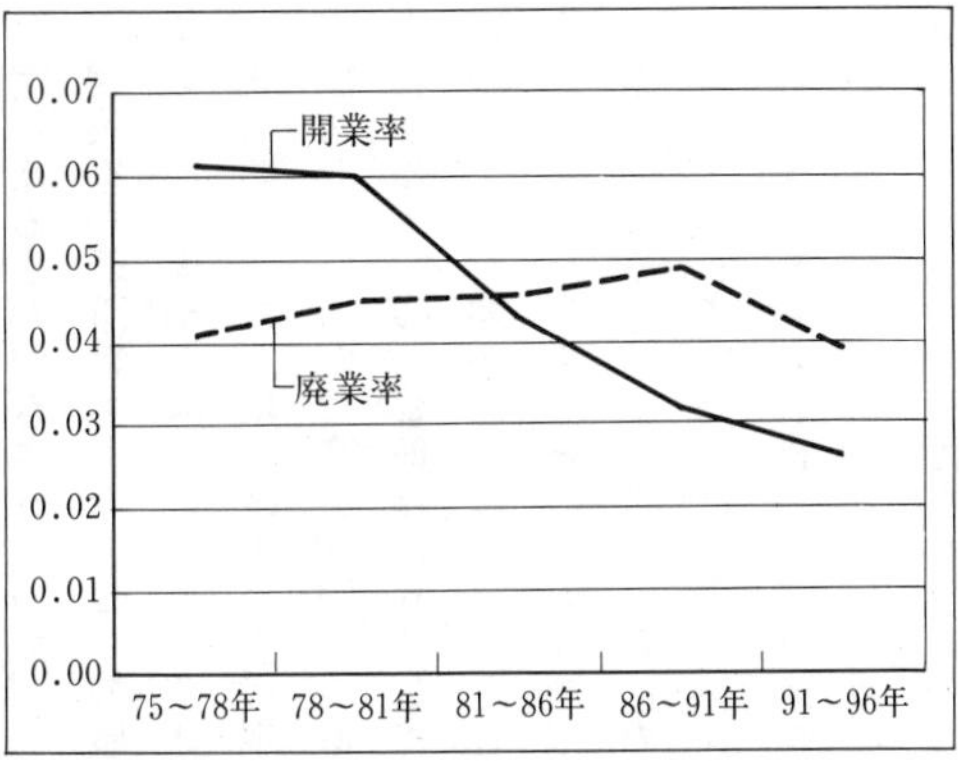

図3・7　個人企業の開廃業率の推移（『中小企業白書』）

　ちょうど一九八五年を境にして、新たに企業を起こすことがむずかしくなっているのである。事業の種類別にみても、製造業と販売業で八〇年代前半でやはり開業率と廃業率の逆転が起こっている。「一国一城の主」になる途が閉ざされたのだ。

開業率の低下はふつう、日本の産業が活力をうしないつつある証拠とされているが、選抜システムという面からみると、社会全体にもっと重大な影響をおよぼす。

先にのべたように、戦後の生活水準向上は、W雇上への上昇という主ルートに参入できる範囲を拡大していった。高い学歴を得る機会は次第に多くの男性に開かれ、高い学歴を得れば企業や官公庁の専門職・管理職に昇進して、高い収入と安定した地位を得られる――そういう学歴－昇進のルートが開かれた。だが、それだけが開かれた社会をつくりだしていたわけではない。B雇上・下から全自営へというもう一本の上昇ルートも開かれていたのである。自営への上昇は「腕一本」によるもので、学歴－昇進の回路を経由しない。「学校がすべてではない」ことを目に見える形で示していたのだ。

社会全体からみれば、それは選抜機会の多元化につながる。上昇の主ルートとはちがう副ルートがあれば、主ルートにかかる負担も軽減される。例えば、「学校がすべてではない」が現実《リアル》であれば、学歴を通じた主ルートのなかですべての不公平を解消しなくてもよい。逆にいえば、自営への上昇という副ルートの消滅は、学歴－昇進の主ルートを補完し、その負担を軽くする装置がなくなったことを意味する。戦後の選抜システムをささえてきた、もっとも重要な保護回路が解除されてしまったのだ。

「階層の戦後」とは

この(1)W雇上の再生産の潜在化、(2)ホワイトカラー／ブルーカラー境界の横断、(3)ブルーカラー雇用から自営への上昇ルートは、まさに戦後の階層社会、いわば「階層の戦後」を特徴づけるものである。私はこれを「戦後的階層 - 移動パターン」とよんでいる。

戦後の開かれた社会、「努力すればナントカなる」社会は、この戦後的階層 - 移動パターンがつくりだしたものなのである。いや、この戦後的階層 - 移動パターンこそが戦後の開かれた社会、「努力すればナントカなる」社会なのだといった方がいい。

簡単に要約しよう。

戦後の経済成長は、生活水準の向上によって選抜システムに参入できる範囲を拡大するとともに、専門職・管理職を増加させた。それによって、学歴 - 昇進によるW雇上への上昇の可能性が、社会の大部分の人々にまで開かれた。

それとともに、B雇下からW雇上への移動のようなホワイトカラー／ブルーカラーを横断する流れが生まれ、ホワイトカラー／ブルーカラーの階級的分断がおさえられ、「階級なき」階層社会ができあがった。戦後の均質で透明な社会、より正確には「均質で透明だ」と信じられる社会というべきだろうが、その中心にあったのがこの会社的世界のゆるやかな連続体である。

さらに、その周辺から外にかけてはブルーカラー雇用、特にB雇上の世界があり、そこには自営＝「一国一城の主」になるという、別の上昇ルートが開かれていた。戦後の「開かれた社会」はたんに「誰でも努力すればW雇上になれる社会」であっただけではない。それとは別の上昇ルートも用意されており、その点でも開かれていた。いわば選抜の機会自体が多元化されており、そのことが学歴‐昇進という主ルートを補完し保護する役割をも、はたしていたのである。

そして、これら都市に生きる人々の職業世界をさらにおおう形で、農業という巨大なプールがある。農業出身者は一九一六〜三五年生まれの「戦中派」世代までは農業を継ぐことが多く、それ以外はW雇上もふくめて、あまり凸凹なく流出していた。二六〜四五年生まれの「昭和ヒトケタ」世代以降は、農業継承者が急激に減り、B雇下などの会社的世界の周辺へ移動するようになっている。

「可能性としての中流」の終焉

こうした形で、「みんなが中」の戦後社会がつくりだされたのである。

先に、村上泰亮の新中間大衆論をとりあげて、データの測りまちがいを指摘したが、彼のイメージ自体は決して的はずれではなかった。村上が考えていたほど「階級がない」わけではないが、八〇年代前半までの日本社会は大きくいえば、一億「総中流」社会といってもいい。九割が

「中」と答えるという階層帰属意識は、その意味では、幻想ではなかった。一九世紀の西欧とはちがった「中流」を戦後の日本はつくりだしたのだ。そのリアリティを一番的確につかんでいたのは、やはり村上泰亮だったと思う。

いうまでもないが、だからといって、生まれによる差別や進学競争の機会をもてない貧困層がなくなったわけではない。そうした不平等は厳然と存在していたし、競争に参加できる範囲の拡大は、そうした人々にとっては、より過酷な相対的剥奪でさえあっただろう。

けれども、大多数の人々にとっては、八〇年代前半までの戦後の階層社会は、それなりに「努力すればナントカなる」社会になっていった。西欧的な感覚でいえば「中流階級《ミドル・クラス》」、戦後の日本の感覚ならば「上」になれる可能性を信じることができたのである。その信じられるという点において、大多数の人々が均しく中流になりえた。それが質の高い労働力を生み、それなりに豊かで安全な社会、希望をもてる信頼できる社会をつくりだしたのである。

「新中間大衆」というのは、結局、この「可能性としての中流」のことだったといえよう（佐藤俊樹「『新中間大衆』誕生から二〇年」）。新中間大衆といっても、図3・2のように、四〇歳職の収入でみた場合、W雇上とそれ以外の格差は縮まったわけではない。相対的な貧富の差は維持されつづけていた。さらには表3・1でみたように、父がW雇上であるかどうかによる収入の格差も依然残っていた。

けれども、そのW雇上になれる機会自体は拡大していった。それによって、自分や自分の子どもが将来W雇上になれる可能性を広く共有できたのである。事実、オッズ比で『なりやすさの格差』をみると、本人四〇歳職では、一九二六～四五年生まれの「昭和ヒトケタ」世代までオッズ比が低下しつづけている（図2・4）。本人現職でみた場合でも、一九一六～三五年生まれの「戦中派」世代までにオッズ比は大幅に低下しており、その後もその水準が維持されている（図2・1）。

つまり、一九八五年までは、父主職から本人現職へという見かけ上の世代間移動でみても、父主職から本人四〇歳職へという厳密な意味での世代間移動でみても、父がW雇上であるかどうかによる格差は順調に縮まっていった。「W雇上になれる可能性」が平等化していったのである。おそらく、だからこそ、この二つの世代間移動の測り方を区別することもなかったのだろう。「開いている／閉じている」というイメージは、絶対的な数値の大小というよりも、数値の変化の動向からくるところが大きい。その点では、どちらで測っても同じことになるからである。

そういう意味で、「可能性としての中流」という意識は決して幻想ではない。八〇年代半ばまでは、それは確固とした事実だった。そして、そうであるかぎり、本人四〇歳職による貧富の格差も、本人の努力の結果だと読みかえることができる。もちろん、オッズ比が一でない以上、本人四〇歳職で専門職・管理職になれるかどうかは、厳密には本人の力によるものとはいえない。

だが、オッズ比が一に向かって動いているという点で、将来はもっともっと本人の努力次第になると期待することができた。SSMのような調査を知らなくても、日々の生活の上でその動きは実感されていたはずである。そうした、いわば未来への可能性の共有において、「みんなが中」の新中間大衆社会は成立していた。

しかし、二〇世紀の終わりと歩調をあわせるように、「可能性としての中流」は消滅し、さまざまな分断線がうかびあがりつつある。選抜を通じたW雇上の再生産が顕在化し、W雇上以外からの上昇ルートが大きく狭められた。そればかりでなく、B雇上から自営というもう一つの上昇ルートも閉じている。W雇上になるという主ルート内部で開放性がうしなわれるとともに、W雇上にならなくても上昇できるという、ルートのあり方自体の開放性もまたうしなわれてきている。開かれた選抜社会から閉ざされた選抜社会へ——私たちが感じている閉塞感の中身はそういうものなのである。「新中間大衆」は終わったのだ。

2　新たな階級の出現

出身による格差の動向

こうした現状は日本社会にさまざまな形で翳を落としている。その焦点となるのはやはりW雇上という知識エリートである。

第二章で少しふれたが、私たちの「開いている／閉じている」、「努力すればナントカなる／努力してもしかたない」というイメージは、世代間移動の出発点（どの父主職の出身か）からみた感覚と、到達点（四〇歳職でどの職についたか）からみた感覚の、両方にかかわっている。W雇上の再生産もその両面からみて、はじめて全貌がうかびあがる。

まず出発点である父主職によるちがい、W雇上出身かそうでないかのちがいがどうなっているのか、みてみよう。図3・8は各世代ごとに、W雇上出身者のうち何割が四〇歳時点でW雇上についているかの比率（＝世襲率）と、非W雇上出身者のうち何割がW雇上についているかの比率を、それぞれ示したものである。

非W雇上出身者、つまり父が企業や官公庁の専門職・管理職でない人についてみると、W雇上につく比率は実は順調にふえている。特に「明治のしっぽ」と「大正世代」の間では、八％弱から一二％へと、一・五倍以上になっている（カイ二乗検定のp値は〇・〇〇六）。それ以降だと、増加はゆるやかになり、次の世代との間ではっきりふえたといえるのはなくなるが、「大正世代」と「団塊の世代」をくらべると、一二％から一八％へ増加している（カイ二乗検定のp値は〇・〇一〇）。要するに、非W雇上出身者がW雇上につく率は、「明治のしっぽ」と「大正世代」の間で大きくふえ、それ以降もゆるやかにふえている。

次にW雇上出身者についてみると、W雇上につく率は「昭和ヒトケタ」までは〇・五前後で安定している。図でみると数値が上下しているようにみえるが、これはもともとW雇上出身者の数が少ない上に、世襲率の数値自体はつねに高いためである。ところが、「昭和ヒトケタ」と「団塊の世代」の間では、四四%から六四%へ急増する（カイ二乗検定のp値は〇・〇一一）。

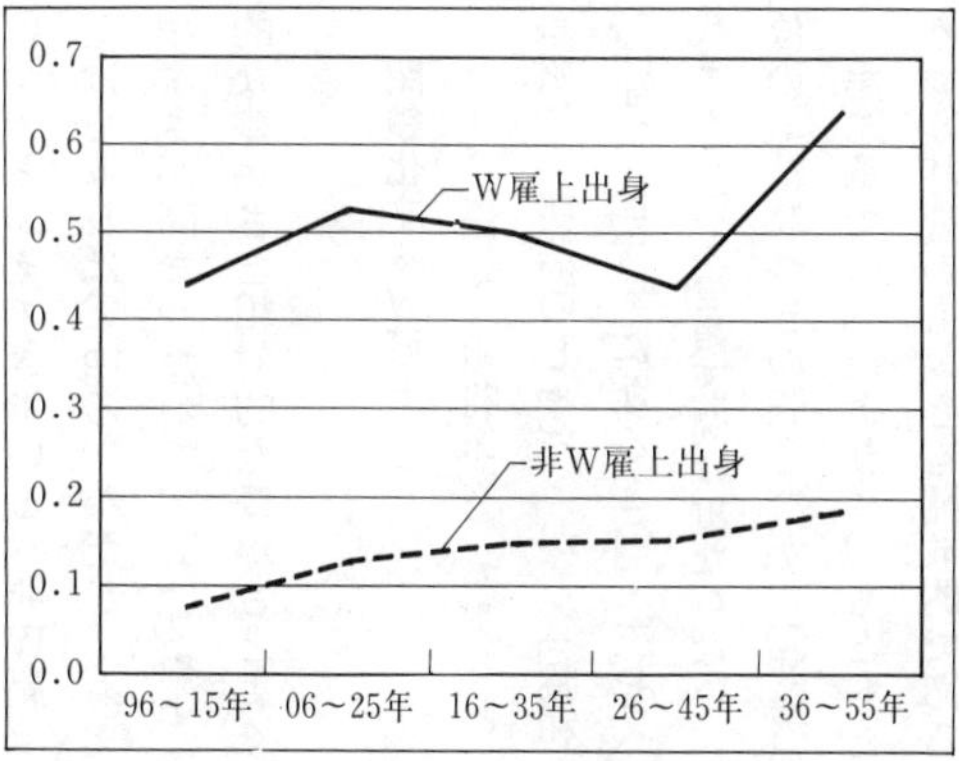

図3・8　40歳職でW雇上についた比率

図2・4でみたW雇上のオッズ比の変化は、この出発点からみた変化と考えあわせるとわかりやすい。「明治のしっぽ」から「昭和ヒトケタ」までのオッズ比の低下は、主に非W雇上出身者がW雇上になりやすくなったことによる。世襲率はかわっていないので、W雇上出身者のなりやすさはかわっていない。それに対して、「昭和ヒトケタ」と「団塊の世代」の間でのオッズ比の上昇は、主にW雇上出身者のなりやすさが大幅に高まったことによる。非W雇上出身者のW雇上へのなりやすさはかわっていない。

すでにのべたように、四〇歳職全体でのW雇上の比率はずっとふえてきている。非W雇上出身者からの流入も減ったわけではない。W雇上についた率だけでみれば、ゆるやかだが、ふえているのである。けれども、それ以上にW雇上出身者のなりやすさが高まったので、『なりやすさの格差』を示すオッズ比は上昇した。図3・2でみた絶対的な豊かさと相対的な豊かさとよく似た現象がおきたのである。

閉鎖化するW雇上

ファイ係数（相関係数）で測ると、この間の動向は図3・9のようになる（数値は巻末表2・6参照）。「明治のしっぽ」から「昭和ヒトケタ」までは、W雇上のファイ係数はほぼ横ばいだが、「団塊の世代」になると〇・三七へはねあがる（ファイ係数の場合「昭和ヒトケタ」と「団塊の世代」の八五％信頼区間は重ならない。「信頼区間」については【解説2】参照）。親の地位と本人の地位の『結びつきの強さ』が、「団塊の世代」でぐっとましているのである。

第二章でのべたように、もともとファイ係数とオッズ比では測っているものが少し異なる。どういう状態がもっとも開放的であるかに関しては一致しているのだが、どういう状態がどの程度閉鎖的とみるかは、それぞれの指標のコンセプトによってちがってくるのである。もちろん、共通する部分もかなりあり、実際、どちらでみても、「団塊の世代」でW雇上が閉鎖化する方向に動いたという点は一致している。

（なお、専門的な話になるが、クロス表の周辺度数が固定されている場合、ファイ係数よりもオッズ比の方がよい指標だとされる。世代間移動表でいえば父主職の全体の構成比率と本人四〇歳職の全体の比率が移動のあり方のいかんにかかわらず一定だと考えられる場合である。従来の階層論では、しばしば父と本人の職業の全体の構成比率は産業構造によって一意に決まると考えられており、それゆえ、ファイ係数はあまり使われなかった。だが、本人のついた職業の全体の構成比率が、移動のあり方のいかんにかかわらず一定だとすべき理由はない。そう考えるには、かなり強い経済決定論をとる必要がある。くわしくは佐藤俊樹「世代間移動における供給側要因：人口再生産と就業選好」参照。）

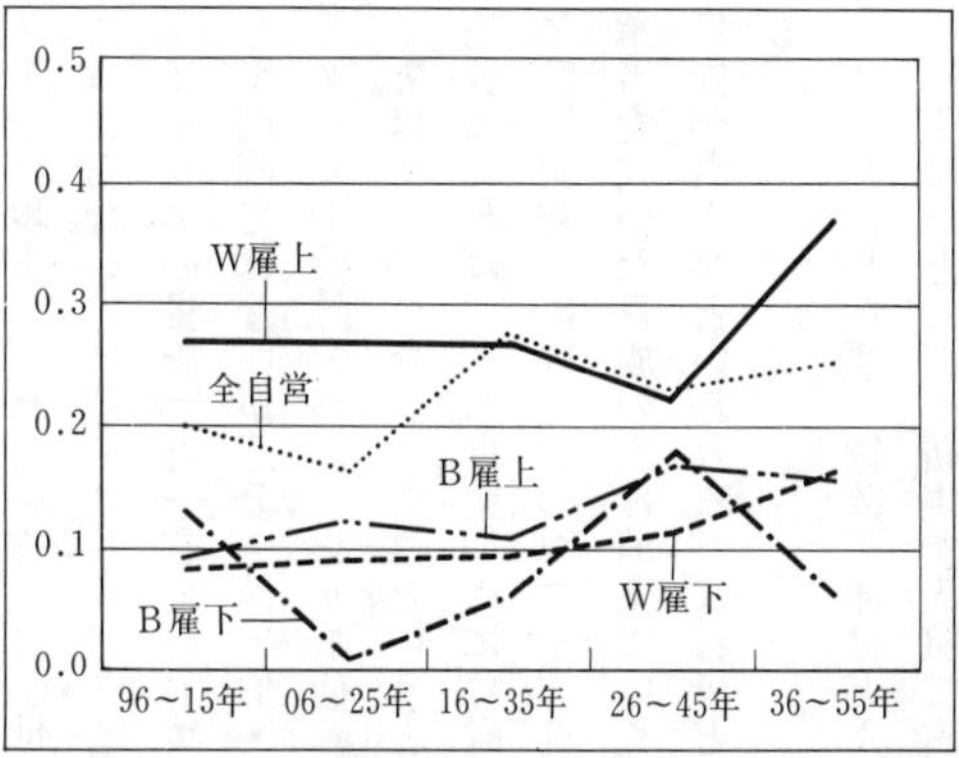

図3・9　出生年代別・父主職×本人40歳職のファイ係数

「階級」とか「階層」とかいうと、しばしば固定的な椅子のようなものを連想しやすい。椅子取りゲームのように、あらかじめ座れる席の数が決まっており、それをめざして激しい競争が戦われたり、世襲で継承されていくような感じである。

　しかし、少なくとも世代間移動については、このイメージは現実とずれている。二〇世紀の欧米や日本はいうまでもなく、伝統的な階級社会にもあてはまらない。イギリス（というか連合王国 United Kingdom）の貴族などはその良い例である。「イギリスの貴族」と一言でいっても、本当はどんな条件をみたせば「貴族」といえるのかは決して明確ではないが、公・侯・伯・子・男という爵位をもった人々、例えばノーフォーク公爵とかダービー伯爵とかスペンサー伯爵（故ダイアナ・スペンサー皇太子妃の実家）などが貴族であることはまちがいない。爵位というと中世の騎士以来代々つづいてきたように思いがちだが、水戸三公によれば、一八世紀初めには爵位貴族の数は一七三、それが一九世紀初めには二六七となり、二〇世紀初めには五〇〇をこす。貴族の総数自体が大きく拡大しているのである。その一方で継承者を欠いた貴族の家は消えていく。例えば一九六一〜八一年の二〇年間で、ほぼ一五〇の爵位貴族が消えたといわれる。これほど急激ではないにせよ、一九世紀以前でも貴族の消滅はよくある。

にもかかわらず、総数自体はどんどんふえていっているのだから、イギリスの爵位貴族というのは実はほとんどが新規参入組で占められる。事実、現在の爵位貴族の大半は、二〇世紀になって爵位をもらった「成り上がり」である。貴族というと「代々続いて……」というイメージがあるが、それは幻想にすぎない。イギリスだけでなく、大革命以前のフランスでも貴族階級にはかなり出入りがあった。

要するに、「階層」とか「階級」というものは固定的な椅子取りゲームとはちがう。貴族のように世襲が定められている場合でさえ、流入・流出はつねにあるし、イギリスの爵位のように、椅子の総数自体もかなり変化する。そうした流入・流出や総数の変化のなかで、世代間での移動や再生産が起きているのである。

少し専門的な話になるが、だから、世代間再生産といっても、固定的な継承のラインのようなものを想像すると的外れになる。流入・流出や総数の変化のなかで、その時々の椅子に座れる可能性の大小、いわば相対的な可能性の格差がその開放性／閉鎖性の中核なのである。

「知識階級」の誕生

私たちが日常的にいだく「開いている／閉じている」という感覚は、この可能性の格差に、到達点での状況（いわばどういう人が現在椅子に座っているか）をかけあわせたものなのである。もし開放性／閉鎖性を一つのコンセプトでとらえるのならば、オッズ比＝『なりやすさの格差』やファイ係数＝『結びつきの強さ』のような形で、可能性の格差を測るのが一番妥当だろう。世代間移動は固定的な椅子取りゲームではなく、椅子の数自体が変化するので、座れる可能性という少し抽象的な形で考える方がよい。

しかし、そうした可能性の大きさを測定するためには、ＳＳＭ調査のように、移動のプロセスを調べる必要がある。特に世代間移動は二〇年以上の長い時間がかかるので、ふつうの人はぼんやりとした印象はつかめても、正確にどうなっているかはわかりにくい。それに対して、到達点の状況は比較的目に見えやすい。W雇上ならば、ある時点でW雇上の人だけをみればいいからである。第二章の最初でのべたように、国会議員や経営者、大学教員などの「世襲」がいわれるときには、むしろこうした測り方が多い。測りやすい分、日常的にも目にとまりやすいからだ。

したがって、私たちの「開いている／閉じている」という感覚を追跡するには、可能性の格差だけでなく、到達点での占有状況もみていく必要がある。

可能性の格差からみた場合、「団塊の世代」のW雇上は「戦前への回帰」ともいえる状況になっているわけだが、もう一つの到達点の状況からでみると、戦前にも経験がない、大きな曲がり角を迎えているのがわかる。図3・10は各世代の四〇歳職W雇上である人々がどこから来たのか、どの父主職出身者がどのくらい占めるのかを示したものである（数値は巻末表3・2）。

一九〇六〜二五年生まれの「大正世代」までは、農業出身者がもっとも多く、「戦中派」と「昭和ヒトケタ」でも、W雇上や全自営とならぶ。農業からW雇上への流出率は一〇％前後だが、数が圧倒的に多いので、四〇歳職W雇上のなかで農業出身者が占める比率＝流入率は高かったのである。それが「団塊の世代」で大きく低下する。対照的に、W雇上出身者は「昭和ヒトケタ」までは二〇％台だが、「団塊の世代」ではほぼ四〇％を占める（「昭和ヒトケタ」と「団塊の世代」

の間でカイ二乗検定のp値〇・〇一八）。
可能性の格差からみると、W雇上の再生産は「団塊の世代」で、戦前の「明治のしっぽ」世代に戻りつつある（図2・4、図3・9）。一方、四〇歳職という到達点でみた場合には、「明治のしっぽ」世代ではW雇上出身者は少数派だったのに、「団塊の世代」ではW雇上出身者、つまり父親も専門職・管理職だった人が優位を占めるという、まったく新たな局面がうまれたのだ。

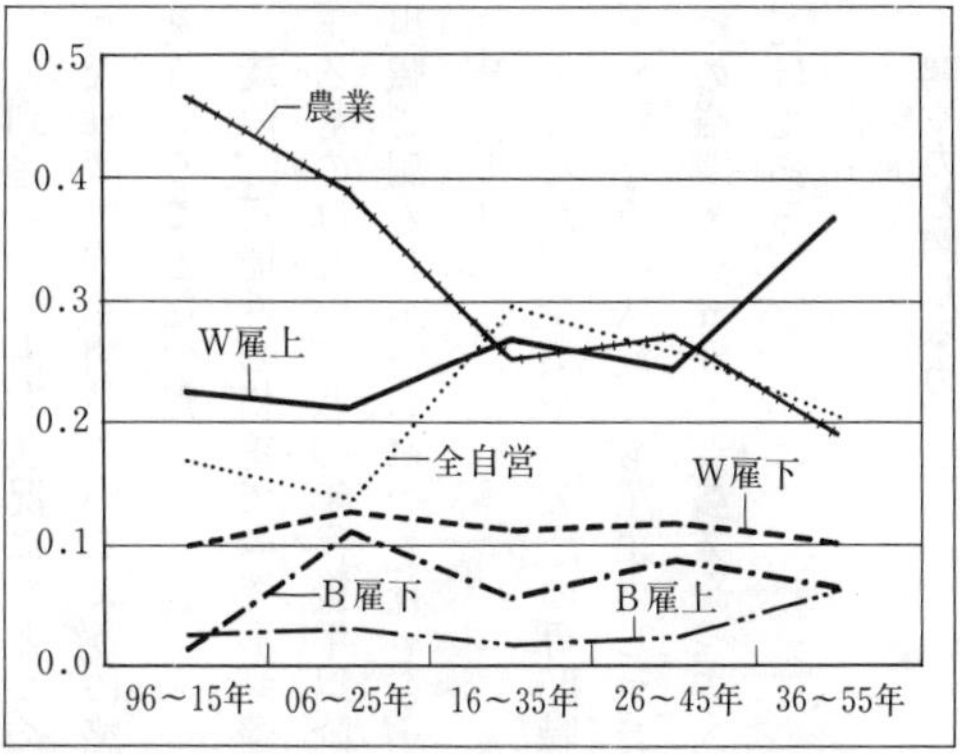

図3・10　40歳職W雇上へ父主職からの流入率

だから、W雇上のオッズ比の高さも、「明治のしっぽ」と「団塊の世代」では意味がちがう。「明治のしっぽ」でもW雇上出身者はW雇上になりやすいが、W雇上出身者の絶対数が少ないので、四〇歳職W雇上に占める率は低い。ところが、「団塊の世代」ではW雇上出身者の数が多いので、W雇上出身者がW雇上になりやすいと、四〇歳職W雇上のかなりをW雇上出身者が占めることになる。

「開いている／閉じている」という感覚は、可能性の格差と到達点での占有状況にもとづく。裏返せば、可能性の格差と到達点での状況がともに閉鎖的になれば、強く閉じているように感じられる。「団塊の世代」のW雇上に起きた転換とはまさにそういうことなのだ。

実際、可能性の格差でみても到達点の状況でみても、戦後の日本社会には「労働者階級」といえるものはない。八〇年代後半以降もその点にかわりはない。ちなみに欧米と比較するには本人現職で測るしかないが、それでもやはりその「階級のなさ」はきわだっている（石田浩「産業化の中の日本」）。

ところが、企業や官公庁の専門職・管理職であるW雇上は、八〇年代後半以降、可能性の格差でも到達点の状況でも閉鎖化しており、「知識階級」といってもおかしくない。五つの世代の五つの職業カテゴリー（農業をのぞく）で、どちらの面でも閉鎖的なのは「団塊の世代」のW雇上だけである。

開く力と閉じる力

こうしたW雇上の閉鎖性／開放性の動向は、二つの相対立する力、いわば開く力と閉じる力の綱引きによるものだと考えられる。

開く力となったのは、戦後の経済成長による絶対的な生活水準の上昇、貧困の縮小である。原純輔はこれを「基礎的平等化」とよんでいる。図3・2からも、絶対的な豊かさが着実に拡がったことがわかるが、それとともに教育費の負担も相対的に低下し、お金がなくて進学の機会を閉ざされる子どもたちが、戦前にくらべて少なくなった。従来なら選抜競争に参加できなかった人々が参加できるようになったのである。その結果、W雇上に外部から参入する人間がふえて、W雇上の開放性を高めた。

もちろん、進学の機会がすべての男性にひとしく開かれたわけではない。「昭和ヒトケタ」世代でも、純粋に経済的な事情から大学や短大に進学できない人々はたくさんいた。その人々の何割かは新制高校の普通科や職業科を出て就職し、企業のなかの昇進競争をへて管理職についたり、ブルーカラー自営として独立していった。その意味では、基礎的平等化は高学歴を得てW雇上につく途をすべての人に開いたというより、それ以外もふくめてさまざまな上昇移動のルートを開いた、つまり上昇移動の機会を多様化したという方が的確だろう。それでも、絶対的な豊かさの拡大によって、従来よりもはるかに広い機会が提供されるようになったことにかわりはない。

それに対して、閉じる力となっているのは、W雇上という職業自体の再生産力の強さである。簡単にいえば、経済状況のいかんにかかわらず、専門職・管理職の子どもは専門職・管理職につきやすいのだ。「カエルの子はカエル」というわけである。データの上からもそれは確認できる。

もしW雇上に強い再生産力がなければ、高度成長が終わり、選抜システムへの参入範囲の拡大が終わった後でも、W雇上の閉鎖性が強まることはないはずである。教育費の重さは相対的には低下しつづけているのだから、高い学歴を得てW雇上をめざす競争に参加する機会は開かれつづけている。いいかえれば、貧困ゆえに競争に参加できない人たちは減りつづけているわけだから、もし強い再生産力がなければ、可能性の格差を示す指標は「昭和ヒトケタ」世代から少し上昇しているか、横ばいであるはずである。

しかし、現実はそうなっていない。選抜システムが一種の飽和状態に達した後、W雇上は閉鎖化したのである。ちなみに、戦後になって閉鎖化した階層としてはもう一つ、ホワイトカラー自営(W自営)があるが(巻末表2・4)、W自営には店舗や顧客といった形で、いわば有形・無形の資産の壁がある。戦後の経済成長によっても、この資産の壁は大きく低下しなかったし、出店規制などの政治的な保護もうけている。そうした経済的・制度的な参入障壁はW雇上にはない。したがって、W雇上にはそれ自体、強い再生産力があると考えざるをえない。

専門職・管理職という職業があるかぎり、この閉じる力はつねに働きつづける。戦後の経済成長によって、それがうしなわれたわけではない。戦後の経済成長は、競争に参加できる人々を増加させることで、開く力を新たに出現させた。それが閉じる力を圧倒するくらい大きかっただけである。

図2・4や図3・9のような可能性の格差の動向は、この開く力と閉じる力の綱引きで決まる。

二つの力が相互に打ち消しあって、どちらが残るか。簡単にいえば、二つの力の相対的な強弱を示しているのである。図3・10のようなW雇上の占有率の動向は、この二つの力の累積効果にあたる。そこからうかびあがるのは、可能性の格差でも占有率でも閉鎖的になり、「階級」化しつつある現代日本のW雇上の姿なのである。

経済成長と格差の固定化

逆にいえば、経済成長それ自体は必ずしもW雇上の開放性にむすびつかない。

この本で示してきた閉塞化の動き、例えば「総中流」社会の解体や、W雇上の閉鎖化については、すでに生活実感のレベルで気づかれつつある。けれども、これまで信頼できるデータが欠けていたこともあって、長期不況や、あるいは高度経済成長の停止がその原因だと漠然と考えられてきた。

だが、W雇上の「階級」化は経済的な好不況とはあまり関係ない。可能性の格差にしてもたんなる右肩上がりの経済成長の停止、たんなるパイの拡大の停止によって固定化が起きているわけではない。たしかに、好況時に絶対的な豊かさが急速に増大することで、あたかも相対的な豊かさの格差も大きく改善されるように思われることはある。盛山和夫が指摘しているように、人々が感じる「豊かさ」はしばしば過去の時点のモノサシで現在の状態を測ったものであるからだ。

そういう「豊かさ」感覚ももちろん決して無視できないが、格差の解消という点でいえば、錯覚にすぎない。

戦後の経済成長がW雇上を開く力となりえたのは、たんにより豊かになったからではない。その絶対的な豊かさの拡大が選抜競争の参加者の拡大とうまくむすびついたからである。お金がなくて進学を断念していた家庭の子どもたちが大学や短大に進学できるようになる。大学までいく余裕はなくても、高校の普通科や職業科を出て企業に就職し、昇進のチャンスを得る。そうした形で従来なら専門職・管理職になる機会を得られなかった人々が、機会を得て、専門職・管理職になれるようになったからである。

しかし、これはあくまでも一回きりの出来事である。大多数の人々が競争に参加する機会をもてるようになってしまえば、それ以上、絶対的な豊かさが拡大しても、開く力とはなりえない。教育費が何かの事情で高騰でもしないかぎり、パイの拡大は開放性とは関係なくなるのである。

戦後の日本でいえば、この大多数の人々が競争に参加できる状態は、「団塊の世代」まででかなり達成されたと考えられる。この世代においては、もはや経済成長はW雇上を開く大きな力とはなりえなくなった。その結果、閉じる力が開く力を上回るようになった。「団塊の世代」でのW雇上の閉鎖化はそうしたメカニズムで起きたと考えられる。

したがって、バブル後の不況が終わり、日本経済が再び安定成長の軌道にのったとしても、いやたとえ一九六〇年代のような高度経済成長がもう一度やってきたとしても、それだけではW雇上の「階級」化は解消されないだろう。むしろ、全体のパイの拡大のなかで、収入の格差などはもっと拡がる可能性がある。

そういう意味で、現在の日本が経験している閉塞は、一〇年単位ではなく、五〇年単位で考える必要がある地殻変動なのである。企業や学校など、選抜システムの根幹をなしてきたさまざまな制度において、従来のやり方が根底的に通用しなくなっているのも不思議ではない。社会のなかで豊かさがもつ意味が、根本的にかわってしまったのだ。

第四章　「総中流」の落日——自壊するシステム

選抜の意味の変質

第三章でみたW雇上の階級化の動きは、現在の産業社会にさまざまな歪みをもたらしている。いや、私たちの日常を蝕《むしば》みつつあるといえよう。

もともと専門職や管理職の仕事は個人単位で結果を評価するのがむずかしい。農業をふくめ、ブルーカラー系の職業には、製品という目に見える形でアウトプットが存在するが、ホワイトカラーの仕事は、第一章でものべたように、人間を相手にすることが多いだけにつねに他人に依存的であり、どこまでが自分の力によるものなのか、はるかにぼんやりしている。管理職はいうまでもなく、専門職でも教員のような仕事ではそうなりやすい。個人個人の力を評価しようとすれば、資格や上司の考課や勤続年数といった代理指標でしか測れないところがある。そういうなかで自分のやるべきこととその責任を保持するのは、本当はとてもむずかしい。一歩まちがえれば、責任という観念自体が崩壊しかねない危険をはらんでいる。

日々の仕事だけではない。一人一人のキャリアについても同じことがいえる。

W雇上でない世界からW雇上の世界にはいることは、「出世コース」とはいえ、一つの決断であり、本人の選択になる。何より、はいる際に厚い壁をこえていかなければならない。生まれ育った世界を離れることは、たとえそれが本人にとって二度と戻りたくない世界であっても、何らかの痛みをともなう。そのことが強烈な欠落感と目的意識をうえつける。良きにつけ悪しきにつけ、何がやりたいかがはっきりするのである。その分、責任感も（もちろん権力欲やギラギラした野心も）はぐくまれやすい。

それに対して、W雇上の世界にもともといる人間にとって、W雇上になるのはあたりまえのことである。父が企業や官公庁の専門職・管理職の人は自覚するまでもなく、ごくごく自然に自分も専門職・管理職になるものだと考えてしまう。そして、それが「人生の出世コースだ」と周囲にも考えられているがゆえに、自分で選ぶ感覚はいっそう希薄になってしまう。

その結果、選抜システムのなかで残ったという事実だけが手もとに残る。何かを選んだという責任をともなわない、何かを喪《うしな》ったという痛みをともなわない「実績」。それゆえに、この「実績」は既得権じみたものへと転化しやすい。もちろん、第二章でみたように、親の資産をひきついだという点では、実質的にも既得権なのであるが。当然、そこには強い目的意識は生まれにくい。

そうなると選抜は壁というよりも、ゲーム感覚に近いものになる。壁を突破した後何をやりたいかではなく、乗り越えること自体が目的になるからである。試験と「戯れる」エリートたち——そこにはあぶらぎった権力欲もないが、責任感もない。

それがさらに進行すれば、選抜されたことで何ができるようになるかではなく、選抜されることだけが自分の価値となる。明治以来、試験は社会的上昇の手段であった。いわば試験からいつか解放される日を夢見て試験勉強にはげむわけだが、試験と「戯れる」人々にとっては、試験から解放されることこそが悪夢である。身近な例で恐縮だが、例えば九〇年代になって大学院教育が普及するにつれて、「なぜ進学するのか？　そこに入試があるからだ」といったタイプの大学院進学がふえている。それと同じことが選抜システムのすべての段階で起きてくる。選抜の意味そのものが変質を起こしているのである。

「責任」の空無化

くり返すが、差がつくことがわるいわけではない。本人が汗水ながした成果でそうなるのなら、一定水準の社会保障さえあれば、どんなに大金持ちができても一向にかまわないと私は思う。だが、現状はそうではない。親も高学歴の専門職・管理職で本人も高学歴の「相続者」たちが、自分の成果をみずからの「実績」とみなす。みずからの力によらないものまで、みずからの「実績」にしてしまうのだ。それは、人生の選択という経験の希薄化とあいまって、「実績」というコトバの意味を曖昧にし、空虚にしていく。

W雇上の家庭に生まれ、W雇上になるのがあたりまえという雰囲気のなかで育つことで、何をやりたいのかという目的意識を欠いたまま、曖昧な形で選抜競争を勝ち抜き、「実績」をつくる。それでも、W雇上の家庭にうまれたという有利さによって、競争には勝ち残りやすい。勝ち残ること自体が目的となっていても、勝ち残ったという点では手に入れたものだから、得た地位に対する権利意識は強い。さらに、選抜システムの「洗浄」効果（第二章）によって、他の人の目からも正当な権利のように映る。

その結果、「実績」は、何かができるはずだという責任をともなう資格という意味をうしない、たんなる既得権へと変質していく。いわば、W雇上の家庭にうまれたという既得権によって「実績」をつみ、そうすることで、その「実績」自体もまた既得権化してしまうのだ。

西ヨーロッパのような明らかな階級社会であれば、たとえ競争という形をとっても、それ自体の不平等さが目に見える。目に見えるがゆえに、競争に勝ち残った人々は勝ち残ったという事実だけでは自分の地位を正当化できない。自分がその地位にふさわしい人間であることを目に見える形で積極的に示さなければならない。階級社会特有の「高貴な義務《ノブレス・オブリージュ》」という観念がそこにうまれる。

ところが、戦後の日本では選抜競争が平等な競争であると信じられてきた。そのなかで「団塊の世代」のように、生まれによる有利不利が発生すれば、今のべたような、既得権が「実績」化し「実績」が既得権化するメカニズムが働く。「高貴な義務」の中身もかなりあやしいものだが、その「高貴な義務」という観念すらもたないエリート集団がつくりだされるのである。

実際、日本のW雇上二世のなかには、みずからの力によらないという事実にすらまったく気づかない人もいる。郊外のこぎれいな住宅地に生まれ、有名私立小学校から進学校に進み、有名大学を卒業して、大企業の幹部候補生やキャリア官僚（昔の「上級公務員」）になっていくなかには、W雇上以外の世界をまったく知らない人もいるだろう。平等社会の神話につかったまますべての人が自分と同じように生活していると思い込んでいれば、みんなまったく同じ条件で競争していると考えても不思議はない。けれども、それはW雇上の世界だけしか知ろうとしないということであり、もっと幼稚な自己中心的態度である。

W雇上の二世たちはそういう危険をはらんでいる。いうまでもなく、すべての二世たちがそうだというわけではない。親や周囲とぶつかりながら、自分の道を選んできた人も少なくない。だが、全体としていえば、そういう危険をはるかに多く抱えこんでいる。「団塊の世代」というのは、そのW雇上二世が主流派を占めるようになった、最初の世代なのである（図3・10）。そのなかで、従来のエリートというあり方そのものが根底的に変わりつつある。

何かが人並み以上にできるはずだという意味での「実績」ならば、できるはずのことへの責任がともなう。できるはずのことができなければ、それはその人間たちの責任である。それに対して、既得権には責任はない。自分が選んだわけでもないのに、手に入っているものだからである。目的意識を欠いたまま、「実績」が曖昧な形で既得権に変質していく――そのなかでW雇上という選抜システムのエリート集団が責任感を消滅させていくのだ。

エリートという言葉に反発をおぼえるかもしれない。言い方はどうでもよいが、W雇上という職業の人々が、他の職業の人々よりずっと豊かで安定的な地位を得てきたことは、まぎれもない事実である。もちろん、W雇上のすべての職種が責任感を要求するわけではなく、例えば専門職のなかでも研究だけに携わるよう場合には、自分個人だけで閉じることもできる。けれども、そうした職種はW雇上全体のなかではわずかしかない。

特に日本の場合、研究職でも中高年になれば管理職になったり、あるいは教育関係の職業を兼務しているケースがほとんどである。W雇上の高い収入と安定した地位は、主にそうした職務の対価なのだ。報酬が大きい仕事についているのに、責任感がないとなれば、社会全体からすればお金をドブに捨てるようなものだろう。

選抜システムの日本的特殊性

知識エリートの再生産自体は別に日本固有の問題ではない。階級社会として有名なイギリスはいうまでもなく、人権と革命の国フランスにも同じようなしくみはみられる。自由と機会の国アメリカにも「エスタブリッシュメント」という言葉があるように、W雇上の再生産はいわゆる先進国社会で広くみられる。たんに、SSMのようなくわしい調査が継続的になされていないので、この本のように正確に数値化できないだけにすぎない。

それなのに、なぜ特に日本でこの空洞化が問題になるのだろうか。

その原因の一つはすでにのべた。「階級」という意識がないまま、W雇上の再生産が進むことで、空虚なエリートがつくりだされるのである。だが、それだけではない。もう一つ、より根本的な原因は日本の選抜システムそのものにある。

日本の選抜システムは、ある年齢層の人間をすべて、斉一的に選抜の対象とする。形式上はきわめて平等かつ公平な選抜システムである。実はそれが知識エリートの空洞化を引き起こす誘因《ドライブ》にもなっているのである。

平等で公平なことが空洞化を誘い込むというと、変に思うかもしれない。順をおって説明しよう。

入試にかぎらず、日本の選抜システムの試験はペーパーテストの比重が高い。その評判は概して悪く、ペーパーテストが諸悪の根源で、それさえなくせば社会がよくなるかのようにいわれることさえある。だが、ペーパーテストには一つ大きな長所がある。全員をできるだけ同じ規準で一律に選抜にかけられるという点である。

ペーパーテストの反対、面接や小論文を考えてもらえばわかりやすいだろう。最近は「個性重視」というかけ声の下、面接や小論文を試験にとりいれるところも多くなったが、面接や小論文では、誰が面接をするか、誰が小論文を読むかによって評価がどうしても左右される。えこひいきしているわけではない。個性重視の試験では、試験される人の個性が前面にでやすいが、同時に試験をする人の個性も前面に出てくるのである。ペーパーテストであれば、誰が採点しても○は○、×は×だが、面接や小論文では採点者の主観がはいってくる。個性重視の選抜規準をとるかぎり、これはどうしようもない。

だから、面接や小論文ではできるだけ多くの人間が評価にあたるようにするのだが、それでも消去できない偏り《バイアス》が発生する。特に大きいのは文化的同質性である。人間には自分と似た人間を高く評価するくせがある。これもごくあたりまえの心性であるが、選抜システムでは大きな偏りを発生させる。選抜する側が一つの文化的特性を共有している場合、選抜される側に同じ文化的特性をもつ人間がいると、その人を全員が高く評価してしまうのである。

この種の偏りは試験にかぎらず、日常的に広く見られる。例えば、「地方」出身の人は、方言で話しただけで「頭がわるい」とみられた経験を多少なりとももっているだろう。あるいは「学閥」を思いうかべてもらってもよい。同じ大学の先輩の上司が後輩の部下を高く評価するのには、必ずしも「学閥をつくろう」という意識が働いているわけではない。ただ、同じ学校文化をせおっているがゆえに、抵抗感少なく接することができる。人間関係がよければ、当然、仕事もはかどる。また、部下が何か失敗した場合でも、なぜ失敗したか、部下の身になって考えやすい。そうなると、やむをえない理由もしばしばみつかる。部下からみれば、挽回のチャンスをもらいやすいわけだ。学閥というのはたんなる権力抗争ではなく、むしろこうした評価心理の産物なのである。

「個性重視」の選抜では、この偏りから逃れることができない。したがって、例えば大学入試で面接や小論文の比重がさらに高くなれば、大都市、特に東京周辺の高学歴家庭の子どもたちがどんどん有利になってくるだろう。大学入試にかぎらず、企業や官庁の採用や人事評価でも同じことがおきてくる。

自己否定するエリートたち

ペーパーテストには、こうした文化による影響は弱い。その分、さまざまな出身のちがいをより公平にあつかう。選抜にかかるコストもずっと安い。ペーパーテストというのは、きわめて多数の人間を一律に（という意味で平等に）選抜するのに適したやり方なのである。

第二章や第三章でみてきた戦後社会の開放性も、そのいくぶんかはこのペーパーテスト中心主義のおかげだといってよい。

もし面接や小論文などの「個性重視」の試験がもっと早く導入されていたならば、第三章でみたW雇上の再生産も、おそらくもっと早く出現していたはずである。諸悪の根源あつかいされるペーパーテストだが、W雇上の階級化に関しては、むしろ押しとどめる力になっていたといってよい。逆にいえば、現在進みつつある「個性重視」への移行は、残念ながら、W雇上の階級化を加速させる方向へ働くだろう。もちろん、だからといって、「個性重視」の選抜をやめるべきだということにならない。記憶力や単純な計算力が正しい選抜規準にならないと判断されるならば、ペーパーテストはやはり良くない選抜方法とせざるをえない。

話が少しそれたが、戦後の日本社会では、八〇年代後半まで、ペーパーテスト重視の試験を変えろという声は大きくなかった。例えば、良くも悪くも日本の選抜社会の象徴とされる東京大学の学部入試に、小論文型がとりいれられたのは一九九〇年、二〇〇〇年現在でも、小論文重視型の合格枠は一割ちょっとにすぎない。その意味では、現在もペーパーテストは適切な選抜規準であると認められており、それゆえ、日本の選抜システムは他にくらべて、高度に平等かつ公平だといってよいだろう。

しかし、まさにそれが選抜で残ったエリートの自己否定を誘発するのである。

具体的な例をあげよう。大学教員や霞ヶ関のキャリア官僚は、学歴社会の選抜システムを勝ち残ってきた人間である。その人たちが学歴社会や偏差値偏重教育を批判する。彼らの選抜のされ方をみればそれは痛烈な自己批判で、本来ならば、自分たちが批判する正当性すらあやしくなるはずである。だが、「学歴社会はおかしい、だから私は大学教員をやめます」とか、「学歴社会はおかしい、だから私は官僚をやめます」という話はほとんど聞かない。そればかりではない。批判する大学教員やキャリア官僚に「じゃあなんで大学をやめないんですか」「じゃあなぜ官庁をやめないんですか」とまじめにきく人もほとんどいない。

なぜか？　実はこの学歴社会批判は、日本の学歴社会、学歴 - 昇進の選抜システムをささえている重要な装置の一つだからである。その意味では、偏差値批判や学歴批判はほとんど「お決まり」の話になっている。

そこに日本の選抜社会のもう一つ決定的な特徴がある。

選抜システムは、どういうものであれ、必ず重大な問題を一つかかえる。選抜は少数の「勝者」と多数の「敗者」をつくりだす。「敗者」とされた人々は、そのままだと、当然やる気をうしなう。その結果、経済的な活力が大きく殺《そ》がれ、社会全体も不安定になる。「努力してもしかたない」という疑惑にとりつかれていれば、その危険はいっそう高まる。

選抜社会をうまく運営していくためには、「敗者」とされた人々が、意欲と希望と社会への信頼をうしなわないようにしなければならない。竹内洋がE・ゴッフマンの言葉を借りていっているように、そこには敗者を「再加熱」するしくみが欠かせない。

学歴批判は「お約束」

そのしくみは大きくいって二つある。

(a)選抜機会の多元化
(b)選抜自体の意味の空虚化

である。

(a)選抜機会の多元化とは、選抜される機会が一律一斉には出現せず、機会《チャンス》のあらわれる時期や選抜の方法（例えば評価者側の規準）に多様性があることである。多様性があるとある程度の不公平はさけられないが、その分、「敗者」は「評価する人間がたまたまわるかったからだ」とか「評価される機会をまだちゃんとあたえられていないからだ」と思える。それこそ面接や小論文ならば、評価する側がたまたま「見る目がなかった」と考えてしまえる。評価する側の主観が強く反映される選抜の制度自体がそういう風な解釈を許している、といってもよい。

それによって、「敗者」とされた人も次に来るだろう機会をねらって、意欲を保ちつづけることができる。意欲を保てるというだけでなく、実際にリターンマッチの途が残っている場合もかなりある。選抜制度の上で偏りの可能性を認めている以上リターンマッチの可能性もできるだけ開いておく必要があるからだ。西ヨーロッパの階級社会のエリートがつねに自分の有能さを示威《アピール》しつづけなければならないのも、実にこのリターンマッチの可能性にさらされているからである。

ところが、日本の選抜システムは形式的には高度に平等で、全員を同じ年齢で一律に選抜にのせる。その上、選抜の方法も主観的な偏りがはいりにくいペーパーテストが主で、選抜機会はかなり強く一元化されている。

その分、「敗者」とされた人は「向こうの見る目がなかったのだ」といった解釈をしづらい。たとえ内心ではそう思いたくても、多元化された選抜とはちがって、一元化された選抜では制度自体がそう解釈する余地をきわめて狭くしている。他人と同じ機会をあたえられたことを、誰も否定できないからだ。

それゆえ、(b)のしくみに強くかたむく。「選抜そのものが実は空虚なのだ」と選抜の勝者が言明する。エリートがエリートであることを自己否定する形で、「敗者」の意欲をそがないようにする。簡単にいえば、「ボク、テストでいい点とるのがうまいだけなんですー」とエリート自身が告白したり自己批判することは、この社会の選抜システムにとって、重要な「お約束」の一つなのである。

あえていえば、社会がエリートに自己否定させているといってもよい。選抜システムの勝者であればあるほど、つまり受験競争や出世競争で勝ち残れば残るほど、この力は強烈に働いてくるわけだが、どの段階にせよ、選抜に勝ち残った人間には多かれ少なかれこの力がかかっている。その意味で、戦後のW雇上に共通してみられる特徴だといえよう。

日本のエリート集団が空洞化する原因としてよくあげられるのは、小学校からはじまる長い受験競争・出世競争である。それが目的意識や野心を断片化《コマギレ》して、競争に勝ち残ることだけを目標にさせてしまう、といわれる。だが、それ以前に、そもそもすべての人間に一律に機会をあたえる選抜システム自体に、根本的な原因があるのだ。この選抜システムが、何段階にもわたる長い競争を生みだし、かつ、エリートに自己否定を強いるのである。

だからこそ本気で自己批判しなくても誰も文句はいわないし、本気で自己批判しないことを疑問に思いもしない。エリートの側にとっても、わるい取引ではない。エリートである責任から逃れられるからだ。偽のエリートなのだから社会を良くする責任なぞ負わなくてもよい。「自分がわるいわけじゃない、あの時はみんながこれがいいといったじゃないか」と自己弁護できる。もう少し敏感な人ならば、生まれによる有利不利への負い目からも逃避できる。それによって選抜システムでの「実績」はさらに既得権化する。

この力がどのくらい強く働くかは、もう一つの対処策、(a)選抜機会の多元化がどのくらいなされているかによる。選抜機会の偶然化・分散化が少なければ少ないほど、つまり全員を一斉かつ一律に選抜するシステムが社会の全域をおおえばおおうほど、エリートの空洞化、「実績」の既得権化と責任の空洞化が起きやすい。

転換点は「団塊の世代」

このような意味で、一九三六〜五五年生まれの「団塊の世代」は、まさに日本の選抜システムの転換点になっているのである。W雇上へという上昇の主ルートが閉塞しただけではない。もう一つの上昇ルート、B雇上から自営へという副ルートも消えてしまう。学歴‐昇進とはちがう、別の選抜機会までもが社会からうしなわれたのである。

ちょうどこの世代の中核が大学を通過する時期に大学紛争（大学闘争）が起きているが、当時の「社会全体の閉塞感」は、実は、学歴‐昇進という選抜ルートだけが残る将来を予感していたのかもしれない。あるいは、竹内洋がいうように、大学紛争は大学生がもはや知識エリートでなくなった現状への反動だったとすれば、結果はもっと皮肉である。たしかに彼らが学生だった時期には、W雇上出身かどうかによる格差が縮まっていたが、まさに彼ら自身の世代でW雇上の閉鎖化が起きたのだから。

「団塊の世代がわるい」という悪玉善玉論をいっているのではない。学歴‐昇進という単一の選抜ルートが社会全体をおおう動きは、彼ら彼女らが子どものころからすでに進行していた。誤解をおそれずいえば、それは戦後社会にとって既定の進路であり、それによって「努力すればナントカなる」状況が開かれたことは、決して否定されるべきではない。このシステムが拡大することはさまざまなよい効果をもたらしたが、飽和した後はそれがわるい効果に転じたのである。飽和することでみずからを空洞化させる効果を生んだのだ。村上泰亮の本当の誤りは、拡大の局面と飽和の局面を区別しなかったところにある。

全員を均《ひと》しく画一的に選抜システムにのせることがエリートの自己否定をまねき、そのエリートの自己否定が選抜システムからおりる途を選択するのもむずかしくする。漠然と選抜システムにのるから、選抜システムから自分でおりることもできない。「エリートじゃない」のだからエリートをやめることもできない。ここでも二重底になっている。

システムへの信頼崩壊

「団塊の世代」以降の知識エリート、W雇上は三つの空虚をかかえている。まずW雇上の再生産にともなって、(1)力のおよばない範囲まで「実績」にしてしまう。そして、選抜システムが飽和することによって、(2)その「実績」は既得権へと曖昧化されるとともに、(3)エリートの自己否定を強いられる。それゆえ、選抜システムで生き残ることだけが自己目的化していく。選抜されることで何ができるようになるかではなく、選抜されること自体が自分の価値となるのである。

その一方で上昇ルートが学歴‐昇進に一元化されて、W雇上出身者以外の社会的上昇の機会が大幅にせばめられる。戦後的階層‐移動パターン（第三章1）による「総中流」社会、会社的世界を中心としたゆるやかな連続体が分断されつつあるのである。こういう形で階層分化が進めば、

W雇上以外から、いや、W雇上自身からも社会のしくみに対する信頼がうしなわれていくだろう。

第一章で理想の資源配分原理と現実の資源配分原理のイメージをみたが、そこでふれなかったことが一つある。理想と現実、つまり理想の配分原理として選ぶものと現実の配分原理として選ぶものの組合わせをみていくと、理想が実績の人は現実も実績だと答える率がそれ以外よりやや高く、理想が努力の人は現実も努力だと答える率がやや高い。

そこには、自分の信じることが社会でも実現されているはずだという、社会に対する素朴な信頼感がある。九五年調査の時点では、日本社会という「母なるシステム」への信頼感がまだ残っている。なかでも「理想も努力」かつ「現実も努力」という回答は、ブルーカラーに多い。彼らはいわば「努力してもしかたない」という疑念をいだきつつも、日本社会を「母なるシステム」として信頼していた人々であり、戦後の産業社会を基盤からささえてきた人々である。

そうした信頼がほりくずされつつある。この「母なるシステム」への信頼は一面で「なあなあ主義」の現状維持とも通底しており、無条件で肯定するつもりはない。けれども、かわるべき新たな信頼の核がないまま、一方的に崩壊させるのはあまりに危険すぎないか。

あたりまえだが、社会はエリートだけで動くわけではない。企業にせよ社会にせよ、現場がその目で見てその頭で考えその手足を働かすことではじめて動きだす。その現場を担う人々は、W雇上ではなく、B雇上・B雇下、そしてW雇下の人たちである。だからこそ、選抜システムにも

「敗者」を再加熱するしくみが欠かせないのだ。

その点を考えると、W雇上の「階級」化がもつ新たな問題がうかびあがる。本人四〇歳職W雇上に上昇するルートは二つある。(a)初職でW雇下やB雇下に入り「たたき上げ」でW雇上に上昇する、か、(b)高い学歴をつけて初職W雇下→W雇上への昇進コースにのる、である。本人の学歴で短大以下を「たたき上げ」型、四年制大学以上を「学歴」型に大まかに分類すると、「昭和ヒトケタ」と「団塊の世代」それぞれで二つの型の比率は表4・1のようになる。

	1926～45年生まれ		1936～55年生まれ	
	「たたき上げ」	「学歴」	「たたき上げ」	「学歴」
W雇上出身	11.8%	12.4%	8.4%	28.6%
非W雇上出身	40.6%	35.3%	37.8%	25.2%

表4・1　父主職とW雇上へのルート

「たたき上げ」型の比率はあまりかわっていない。逆にいえば、「学歴」型、つまり高い学歴を身につけてW雇上になっていく人々の比率はあまりかわっていない。だが、その内訳は大きくかわっている。W雇上出身者がほぼ倍増しているのである。四〇歳職W雇上のなかでも、高い学歴を得て専門職・管理職になるというキャリアはいわば本流といえる。その本流において、W雇上出身者が優位を占めるようになったのだ。

W雇上になっても追いつけない！

もっと興味ぶかいのは、このW雇上になった人たちの収入（調査年時点）

である。「昭和ヒトケタ」ではW雇上出身者の平均年収が七〇六万円なのに対して非W雇上出身者は六七九万円で、あまり差がない（T検定のp値〇・五九一、人数は一六〇）。「戦中派」以前の三つの世代も同様である。表３・１でみたように、全体ではＷ雇上出身かどうかで本人の収入には差があるのだが、Ｗ雇上になれさえすれば差はなくなっていた。

ところが「団塊の世代」では、Ｗ雇上出身者の平均年収一〇〇〇万円に対して非Ｗ雇上出身者八一二万円と、大きな差がついている（T検定のp値〇・〇一一、人数は一一〇）。団塊の世代ではたとえＷ雇上になれても、父がＷ雇上かどうかでかなりの格差がついているのだ。

「団塊の世代」でも、Ｗ雇上以外の出身者にも「たたき上げ」の昇進ルートが保たれているように見えるが、中身が全然ちがう。四〇歳時点でＷ雇上の人のなかでも、Ｗ雇上出身者はより高い地位についていると考えられる。四〇歳職でＷ雇上になれた人の間でも、生まれによる格差がつづく。まさに「努力してもしかたない」社会になっているのである。

もう少しくわしくみてみよう。ＳＳＭの調査票では、本人の収入は「四〇〇万円前後（三五〇万円以上四五〇万円未満）」といった収入カテゴリーの形で答えてもらっている。また、平均値の特性として極端に高い年収の人がいると、それに引きずられてしまう。そこで、回答の収入カテゴリーをまとめて、収入の区間ごとに集計してみた。図４・１は一九二六～四五年生まれの「昭和ヒトケタ」の八五年時点の年収、図４・２は三六～五五年生まれの「団塊の世代」の九五年時点の年収である（二つの図で区間の切り方が少しちがうのは調査票の収入カテゴリーがちがうため、「団塊の世代」の方が四区間なのは人数が少ないため）。

みてわかるように、区間ごとに集計してみても、「昭和ヒトケタ」ではW雇上出身者と非W雇上出身者の間にあまり差はない（カイ二乗検定のp値は〇・八一九）。四〇歳でW雇上になれるかどうかは生まれによる差があるが、なってしまえば差はなくなる。

それに対して、「団塊の世代」ではW雇上出身者と非W雇上出身者の間に、はっきり差がでてくる（カイ二乗検定のp値は〇・〇三四）。W雇上出身者の方が高収入になっている。特に一〇〇〇万円をこえる高収入がW雇上出身者では三四%を占めるのに対して、非W雇上出身者では一六

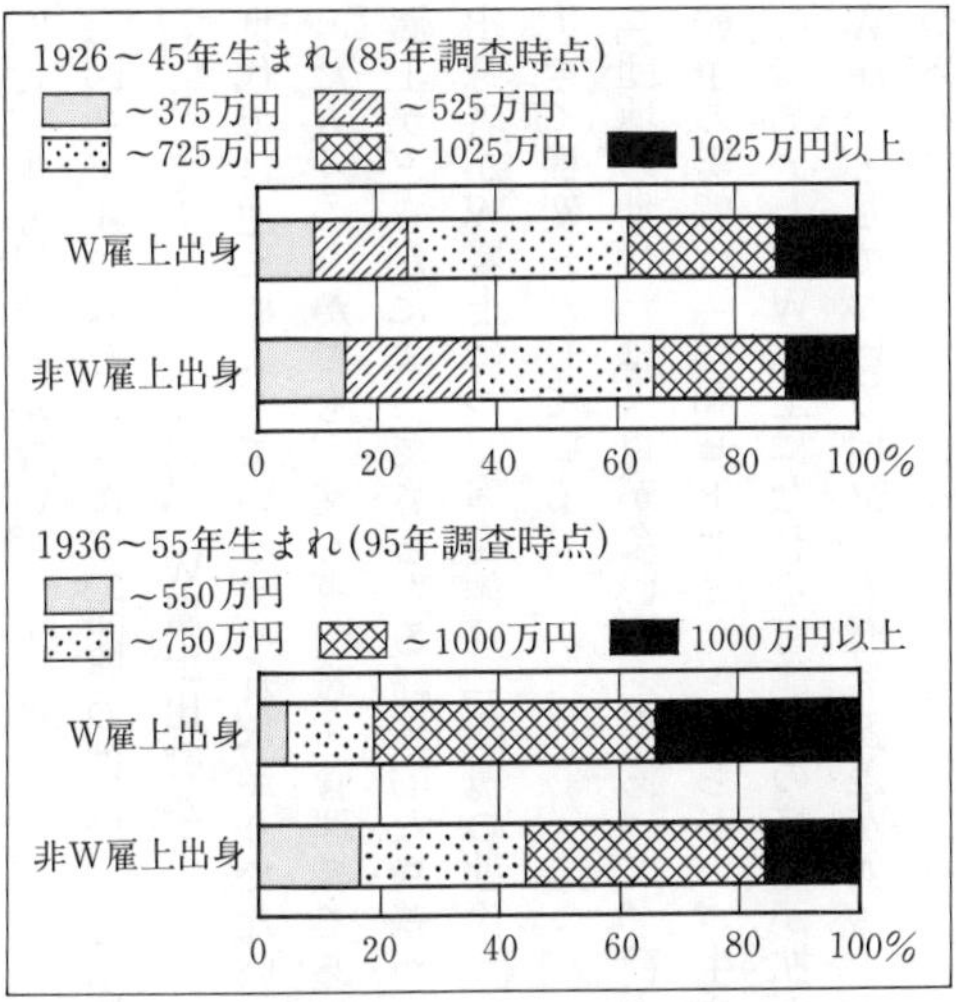

図4・1　40歳職W雇上での収入格差（1926～45年生まれ）
図4・2　40歳職W雇上での収入格差（1936～55年生まれ）

%と、半分以下しかない。

図2・4でみたように、「団塊の世代」ではW雇上のオッズ比が七・九と反転上昇している。「昭和ヒトケタ」までは、W雇上出身かどうかによる可能性の格差は縮小してきたのだが、この世代では逆に拡大している。そればかりでない。四〇歳職で企業や官公庁の専門職・管理職になった人々のなかでも、父も専門職・管理職であった人の方がより高い地位についている。父がW雇上かどうかによってさらなる経済的な格差がつくようになったのである。第三章で、非W雇上出身者がW雇上につく率自体は「団塊の世代」でもふえているとのべたが、つける中身の点では大きく様変わりしている。

「団塊の世代」は人口が多いこともあって、競争がはげしい世代だといわれてきた。だが、その競争の実態は「昭和ヒトケタ」とはちがい、生まれによる有利不利が大きく結果に反映されるものであった。W雇上になれる可能性の格差が拡がり、W雇上のなかでW雇上出身者が優位を占め、W雇上としてつける地位にも歴然と差がある――西ヨーロッパ型の階級社会に近い状態になりつつある。

椅子取りゲームにたとえれば、椅子に座れる可能性の格差が拡がっただけではない。座れる椅子自体にも差がつくようになったのだ。父がW雇上でない人間は、たんに椅子に座りにくくなっただけでなく、良い椅子に座ることもむずかしくなっている。そういうゲームにかわりつつあるのである。ＳＳＭ調査のような数字にはならなくても、それこそ皮膚感覚で、そういう風向きの変化は感じとられているはずである。

「努力をする気になれない」社会へ

Ｗ雇上以外の人間からみればこう見えるだろう——自分がＷ雇上出身でないかぎり、がんばって仕事をしても、結局、Ｗ雇上出身者との格差は縮まらない。ある程度努力すれば、管理職への昇進などの一定の評価はしてもらえるが、つけるポストはたかが知れている。まさに「努力してもしかたない」。平等信仰のなかの疑惑が、今や平等信仰をおおいかくすほどに成長しつつある。それが日本の現状ではないだろうか。

エリートがどんなに立派な計画をたてても、どんなに完全なマニュアルを考案しても、実行するのは現場の人間である。現場の人間が自分の将来に希望をもてなくなれば、社会も企業も腐っていくだけだ。日本の産業社会はこれまで質の高い労働力を売りものにしてきた。それは現場の人間の質が高かったからである。「努力すればナントカなる」、たとえ自分がだめでも子どもに夢を託せる、そういう社会への信頼があったからこそまじめに働く気になれたのだ。

「団塊の世代」に起きたＷ雇上の階級化という事態は、そういう希望の扉も閉ざしてしまう。Ｗ雇上出身者でなければＷ雇上にはなりにくい、たとえＷ雇上になれたとしても二流の地位にしかつけない、結局生まれによる格差は縮まらないのだから。エリートの空洞化だけではない。日本の産業社会を本当にささえてきた根幹が腐りつつあるのである。

「団塊の世代」以降でも、この状態がつづくかぎり、「昭和ヒトケタ」が社会を担っていた時代では想像すらできなかった、とんでもない事件や事故がこれから起こりつづけるだろう。責任感をもてないエリートと将来に希望をもてない現場の組合わせでは、そうならない方がおかしい。「会社が面白くない」といって離職する若い世代がふえるのも無理はない。何よりも彼ら彼女ら自身がこの空虚にとりつかれているはずだから。

いわば、「努力すればナントカなる」社会から「努力してもしかたがない」社会へ、そして「努力をする気になれない」社会へ――。

現在の日本はそういう転換を、それもかなり急激な形で経験しつつある。社会福祉のしくみが急激な人口減によって根底からゆさぶられているのと同じように、基礎的平等化による開放性に依存していた産業社会や選抜システムが、W雇上の階級化によって根底から大きくゆさぶられている。W雇上の階級化が今後どうなっていくのかは、二〇〇五年の第六回SSM調査をまって判断するしかないが、私たちの目の前に新たな不平等の問題が出現しつつあることはたしかである。

新たな希望――熟練ブルーカラーの行き先

ここまで日本の選抜社会の過去と現在をみてきて、嫌気がさしてきた人もいるだろう。書いている私も十分いやな気分になっている。

しかし、九五年SSM調査の世代間移動のデータが語っているのは、わるい知らせばかりではない。新たな再生への動きも読みとれる。

先に、「団塊の世代」になってB雇上、つまり熟練ブルーカラー出身者が自営になるルートが閉ざされたとのべた。図3・6でみたとおり、「一国一城の主」へ上昇する率は大きく減少している。けれども、図2・4～5をみると、B雇上の開放性が低下した様子はない。

彼らはどこにいったのだろうか？ その移動先は、W雇上の専門職なのである。「昭和ヒトケタ」ではW雇上への流出率が八％だったのに対して、「団塊の世代」では二〇％と倍増している。サンプル数が少ないので統計的な信頼性はやや劣るが（カイ二乗検定でp値〇・〇九八）、B雇上出身者は専門職へという新たなルートを開拓しつつあるのではないか。

あらかじめ断っておくが、ここには調査の技術上の問題もある。「洋服仕立て」と答えればB雇上だが、「ファッション・デザイナー」と答えればW雇上になる。もちろん職業分類は学歴なども考慮して総合的に判断されており、例えば「ヘアメイク・アーティスト」と答えても「美容師」に分類されるが、職業の名称はたんなる見栄だけでなく、各人各人の職業への見方、かかわり方も表現している。「カタカナ職業化」と揶揄する前に、その可能性を積極的に考えてみよう。

B雇上というと、マイナーな存在に思えるかもしれない。たしかに、B雇上はW雇上から、ある意味でもっとも遠いところにある。だが、その遠さこそが重要なのだ。

戦後の産業社会の大きな特徴として、「ブルーカラーのホワイトカラー化」がいわれる。ブルーカラーがホワイトカラーと同じような形で会社に所属する――それが会社への忠誠心を生みだし、質の高い労働力をつくってきた。SSM調査の世代間移動のデータでも、「昭和ヒトケタ」世代まではブルー／ホワイトの境界は低く、それを横断する流れがつづく。ブルーカラーのなかでも、特に大企業の工場労働者をふくむB雇下がその通路となってきたのは、すでにみてきたとおりである（第三章1）。

けれども、B雇下のような「ブルーカラーのホワイトカラー化」は必ずしも良い面ばかりではない。学歴・収入などの社会的地位では、ホワイトカラー、特にW雇上の方がつねに上位にある。その差がなくなったわけではない。したがって、「ブルーカラーのホワイトカラー化」は、一面では、ブルーカラーにとっての理想的職業がW雇上におかれることでもある。W雇上に準じる存在として、ブルーカラーが位置づけられるのだ。

このこと自体が悪いわけではない。ブルーカラーからW雇上への、世代間あるいは世代内の移動ルートが開かれているかぎり、それは十分積極的な意味をもつ。W雇上以外の世界を知っているW雇上は、W雇上の健全さを保つためにも必要である。そして何より、自分が、あるいは自分の子どもがいつかW雇上になれるという期待が、今の現場でがんばるという心性をはぐくんできた。

「階層の戦後」を組換える

しかし、これはあくまでも移動ルートが開かれている場合の話である。

移動ルートが閉じてしまえば、準じる存在であることに、積極的な意味を見出すのはむずかしくなる。もちろん、仕事にはそれ自体の意味がある。その意味づけで自分をささえていける人もある程度いるだろう。けれども、それを大多数の人にあたりまえのように要求することは無理である。というか、むしろ不当な要求だというべきだろう。

なぜなら、社会のしくみがそれを裏切っているからだ。第三章でみてきたように、戦後、絶対的な豊かさが拡大していったなかで、W雇上とそれ以外との格差は縮まらなかった。社会全体が本気で「すべての仕事がひとしく重要だ」と考えているならば、この格差が縮まるか、少なくとも縮めるように強い努力がはらわれたはずである。

現実には、第三章でみたように、W雇上は「よい仕事」でありつづけてきた。この格差が維持されているかぎり、人々がW雇上への上昇移動をめざすことを非難できない。そういう欲望を社会自身が生産しているのだから。それだけに、W雇上の閉鎖化というのは厄介な事態を引き起こすのである。

例えば、「ブルーカラーのホワイトカラー化」は働く意味という点では、W雇上への一元化、モノ・カルチャー化を引き起こす。くり返すが、これ自体はわるいことだとはいえない。それは社会のありうべき姿の一つだろう。けれども、W雇上になる可能性が閉ざされてしまうと、モノ・カルチャー化はさまざまな歪みやきしみを生みだす。均質で透明な社会が閉塞した運命共同体に、もっと簡単にいえば、一蓮托生の泥舟になってしまうのだ。

そのモノ・カルチャー化からもっとも遠い存在がB雇上なのである。すでにのべたように、ブルーカラーといっても、B雇上とB雇下はかなりちがう。B雇下は会社的世界の一員という性格をもつのに対して、B雇上はより独自な職業世界をかたちづくり、会社的世界とは異質な存在であった。

異質だというのは、無縁だということではない。むしろ、B雇上の異質性、その独自の上昇ルートは、高学歴を得て企業や官庁の専門職・管理職へという主ルートの安全装置、保護回路としても働いていた。その消滅が選抜システム全体を意味喪失に追いこんだのである。「上の学校にいかなくてもいい」途があるからこそ、「上の学校へいく」意味がリアルなものになる。「ブルーカラーのホワイトカラー化」というのはいわば同質化の力であるが、それはこの異質性によってささえられていた。

逆にいえば、B雇上の異質性自体が選抜社会の閉塞をやぶる力になるわけではない。閉塞しているというと、すぐに新奇なもの、一見オリジナルなものが注目されるが、新奇さや異質さが自動的に未来を開いてくれるわけではない。異質性もまた、広い意味で社会のしくみの一つなのである。実際、「団塊の世代」ではたんにW雇上への上昇ルートが閉鎖化しただけでなく、B雇上の「一国一城の主」になるという上昇ルートも閉ざされた。閉塞を共有してきたのだ。

だからこそ、B雇上出身者の専門職への転身は興味深いのである。「階層の戦後」をつくりだした同質性と異質性の組合わせ――それを大きく組換える可能性をもつ。会社的世界のゆるやかな連続体がB雇上という別の世界にささえられていたとしたら、B雇上のあり方が大きく変化すれば、それは対極にあるW雇上を必ずまきこんでいく。同質性と異質性の組合わせというあり方がそれを不可避にするのだ。

B雇上という熟練ブルーカラーのもつ可能性とはそういうものなのである。

第五章　機会の平等社会への途——効率と公平

1　日本型産業社会を組換える

市場主義の射程と限界

「戦後は終わった」――階層社会や世代間移動や選抜システム、つまり、「努力すればナントカなる／努力してもしかたない」という物語にかぎっていえば、それは否定しようがない事実である。

それも昨日今日終わったわけではない。二〇年前、おそらくは「団塊の世代」が社会に登場してきたころに、終わりははじまっていたのだ。私たちに現在見えているのは、終わりの終わりの光景である。あのミネルヴァのふくろうのように、その夕暮れに私たちは立ち会っているにすぎない。一言でいえば、西ヨーロッパ型の階級社会に日本は急速に近づきつつある。

そのなかで、日本の産業社会は深刻な地盤沈下にみまわれている。バブル後の長い長い調整期というだけではない。もっと深いところで、従来の社会のたが（枠組み）がすっぽりはずれたような感じを、多くの人々がいだいているはずである。それに対する処方箋として現在語られているのは、どこか懐かしい響きさえする「アメリカに追いつき追い越せ」という標語《スローガン》、アメリカ型産業社会・市場社会への転換である。

しかし、それは本当に日本の産業社会の再構築につながるのだろうか。

あたりまえのことだが、日本はアメリカとはちがう社会である。たんにアメリカの後追いをつづけても、アメリカを追いぬくことはできないし、やがて東南アジアや中国から追い上げをくらう。いわゆる「業界第二位企業の悲哀」を味わうことになるだろう。

ましてアメリカは特殊な労働市場をもっている。一方で全世界から優秀な知的人材をかき集め、他方で不法移民という形できわめて安価な単純労働力を運びこんでいる。人口の約二〇％におよぶ貧困層のぶあつさに苦しみ、かつささえられている社会なのだ。

市場主義というのは、この特殊な労働市場があってこそ有効な解決策となりうる。逆にいえば、本気でアメリカ型の市場社会に移行するなら、労働力移動の壁をとりはらうことまできちんと主張すべきだろう。

それはたんに移民規制をなくすにとどまらない。もし移民規制をなくしても、日本がアメリカよりも魅力的な移民先にならないかぎり、「アメリカに行けなかったから日本に来た」人々がふえるだけである。そうなれば日本は「二級品のアメリカ」にしかなれない。それをさけようとすれば、日本語という言語がまず問題になる。日本語と英語、どちらかを新たに学ぶ必要があるとすれば、ほとんどの人は英語を選ぶだろう。使える機会がはるかに多いからだ。だから、アメリカ型の市場社会をやるためには、まず公用語を英語にかえる必要がある。さらに移民が多くなれば、民族《エスニック》をめぐる激しい紛争も覚悟せねばなるまい。ぶあつい貧困層ができれば、犯罪も多発する。

それはそれで「開かれた社会」であり、そういう社会が倫理的にわるいとは決していえない。いえるのは、市場社会への転換をはかるならば徹底的にやるしかないし、徹底的にやるとどういう社会になるのか、社会全体の見取り図をきちんと示してコンセンサスを得るべきだ、ということである。

四つの課題

そこまでやる気がなければ、「市場」「市場」といっても限定的な市場主義の導入であり、どこを市場でやりどこを市場でやらないのか、現実の日本社会をふまえて一つ一つ判断しなければならない。一部だけを市場的にした場合、かえって不公平や不効率が生まれやすいのは市場主義者自身が認めている。

そうした現実的判断ぬきに、市場のいいとこどりだけを主張するなら、戦後くり返された「改革」のなぞりにすぎない。例えばもし現在のアメリカの株価がバブル崩壊すれば、たちまち、喉元過ぎれば熱さを忘れ、市場主義自体どこへやら、になりかねない。だいいち、失敗するとアメリカにすぐ模範を求めるというのは、第二次大戦に負けたときとまったく同じ、いや明治維新のときとまったく同じで、いささか芸がなさすぎる。第四章までにみてきたように、現在の日本社会の「危機」は五〇年に一回レベルの深いものである。一〇年単位でくり返されている日本人の優越感と劣等感のジェットコースターに目を奪われていると、かえって本当の病巣を見逃してしまう。

社会の手直しに宝くじはないし、万能の特効薬もない。過去と現在がどうであるかをふまえ、そのなかからひろえる芽をいかに育てていくか——たとえかっこよくなくても、他にやり方はないのだ。日本型産業社会の再生の処方箋は、日本型産業社会のなかから見出さなければならない。

そこにもいくつかの選択肢がある。

一つの途は、意外に思えるかもしれないが、西ヨーロッパ型の階級社会を意識的にめざすというものである。エリートはエリートらしく、中流階級は中流階級らしく、労働者階級は労働者階級らしく、というわけだ。高度成長期以降の日本では、これは「そうなってはいけない」反面教師とされてきたが、選抜システムの飽和のなか、エリートが空虚化し現場はやる気をなくすという現状がつづけば、「階級社会をやった方がまだまし」と思う人はもっとふえてくるだろう。「階級」そのものの是非とは別に、階級化しているという現実をふまえた上で財や地位の公平な配分を考えた方が、誰にとってもより良い状態になるからだ。

そもそも、こうした階級社会は中世の遺物ではなく、西ヨーロッパが数百年にわたる近代化・産業化のはてにたどりついた状態であり、それなりに現実的な解ではある。実際、中高一貫制私立ブームに代表される中等教育のエリート型／非エリート型の分化、少数の移民労働力のゆっくりした導入、二大政党制への願望など、一九九〇年代の日本で起きた変化の多くは、実はアメリカ化というより、西ヨーロッパ化の途とも考えられる。

ただ、私自身はこの途はあまり気が進まない。「階級」の是非は別にしても、「一〇〇年以上産業化をやってきてまた猿真似《まね》をやるのか」と思える。現実にはモデルがなくとも、未知のリスクがあっても、自分なりのオリジナルな途をさがす方が気持ちがいい。「日本らしさ」というより、自分の途は自分の手で開きたいのだ。

そう考えた場合、現在の選抜社会・産業社会のゆきづまりを打破するために、今後手をつけるべき課題と対策として、四つの点があげられる。

A　ブルーカラー系専門職とホワイトカラー系専門職の融合
B　管理職キャリアの再編
C　選抜機会の多元化
D　世代を超えた不公平の緩和

である。以下、順番にみていこう。

プロフェッショナルと会社の相乗効果

第四章にのべたように、九五年SSM調査にみられる新しい動きは、B雇上出身者が専門職へ移動するという流れである。まだ絶対数は少ないが、これは日本の産業社会が今後進みうる方向を示唆している。

日本の産業社会の独自性、それはブルーカラーとホワイトカラーの近さである。二つの間の壁を低くし、ブルーカラーをホワイトカラーに近づけることで、戦後の日本の優秀な労働力はつくりだされた。その意味で、ブルーカラー雇用出身者がホワイト／ブルー境界を横断して専門職になっていくのは、従来の特徴をひきつぐものといえる。

これはB系だけの課題ではない。W系の専門職をどうつくるのかにまでつながっていく、専門職全体をどうかえていけるかという問題なのである。医師や教員といった伝統的職種はともかく、企業内のホワイトカラー系専門職の育成は、ここ一〇年、いやここ三〇年ずっといわれながら、まったく実現されてこなかった。なぜうまくいかないのか。中途半端な専門職しかつくってこなかったからである。

例えば、派遣社員は大企業でもめずらしくなくなったが、能力はあっても補助労働にしか使われていない。仕事のできる派遣社員を十分活用せずに、仕事のできない正社員を基幹業務にあてて、しりぬぐいに四苦八苦している——今日の多くのオフィスにみられる光景であろう。労働力のムダという点では不効率であり、派遣社員の賃金と正社員の賃金を考えれば、社会的にも不公平である。

それでも、いわゆる基幹業務、企画・分析・立案などへ派遣社員や外部委託を導入するのは、先例がないからといわれて、なかなか進まない。だが、先例がないといっているかぎり、外部の人間は信頼できない→信頼できないから任せられない→任せた経験がないから信頼もできない、という循環をくるくる回るしかない。

この循環を切断するには、少数でもいいから有能な人間だけを選んで専門職にするしくみと、外部の人間に任せた場合にいいわけのきくしくみが必要である。日本社会では個人に対する信頼が弱くて、なかなか専門職が育たないといわれるが、ならば、そこに会社を介在させる手もある。

「カリスマ美容師」のシステム

これは実は別に目新しいことではない。熟練ブルーカラーのB雇上の世界ですでにはじまっている変化なのだ。九〇年代後半に一大ブームを起こした「カリスマ美容師」というのは、これと基本的には同じシステムなのである。

高い収入と高級車を乗りまわす消費スタイル、テレビや雑誌などでの芸能人まがいの露出ぶり、さらに「無免許」営業といった派手な面だけに目を奪われがちだが、「カリスマ美容師」たちは美容院と美容師、つまり企業と個人の働き方に新しいシステムを導入した。

それまでの美容師の業界は、古い職人的な徒弟制が残る世界だったといわれる。雇われている間は給料が低く、腕のよい美容師はできるだけ早く独立して、自分の店をもつ。それでようやく腕にみあった収入が得られるという慣習がつづいていた。「一国一城の主」になってはじめて一人前という、典型的な、熟練ブルーカラーの職業キャリアである。

それに対して、「カリスマ美容師」のシステムでは、歩合給を導入して、雇っている美容師一人一人にお客がつけば、その分美容師個人の収入もふえる形にした。完全な業績主義の給与体系を導入したのである。それとともに、積極的な宣伝活動で、それぞれの美容院のブランドイメージを育てていった。たんに美容師一人一人の腕だけでなく、美容院自体のブランドで、お客を集めるシステムをつくりだしたのである。

腕のよい美容師は、よりブランド価値のある美容院に移れば、そのブランドの力をかりて、より多くの客を集められる。ブランドの高さにあわせて料金も高くなるから、その分さらに収入はふえる。一方、美容院つまり企業の側はそれによって腕のよい美容師をつねに確保でき、高いブランド力を維持できる。これはまさに、個人が自分の技能を、企業がブランドという信頼性を提供して、その相乗効果で付加価値をさらに高めていくというシステムである。

もちろん、「カリスマ美容師」たちがこれを一からくみたてたわけではない。もともと美容師というのは一人一人にお客がつき、美容師が美容院を移ればお客もあわせて移る。だからこそ、腕のよい美容師は早めに独立開業していたわけだが、そこに業績主義的な給与制度を導入することで、美容師個人は経営リスクを負わずに高い収入を得られるようにした。さらに、美容師個人ではなく美容院という企業のブランドを売りものにすることで、個人の腕と会社の信頼性との相乗効果を起こした——そこに「カリスマ美容師」のシステムの革命性があったのだ。

一歩まちがえれば、これは腕のわるい美容師をブランド力でごまかすことにつながる。だが、そういう状態がつづけば、ブランドイメージはやがて低下し、腕のよい美容師は別の美容院にお客ごと移っていく。個人の腕と会社の信頼性の相乗効果は、よい方向に働けば短期間で大成功をおさめられるが、わるい方向に働けばあっというまに没落する。そのなかでどんな戦略にでるかは、まさに経営努力の問題である。

市場の欲望・市場の倫理

そういうシステムを導入し成功をおさめたという点で、「カリスマ美容師」はもっと評価されるべきである。伝統的なB雇上の世界を、時代にあわせてつくりかえ、多くの人があこがれる専門職に近づけた。専門職がよくて熟練ブルーカラーがわるいわけではないが、しくみという形で、社会全体にとって新たな可能性を開いた点はやはり高く評価すべきだろう。システムを考えつくだけでなく、それを実践し、従来の業態を大きく変えてしまうのは容易ではない。そういう前例をつくったパイオニアの意義は、きちんと認めるべきだ。ちやほやされるのも創業者利益である。

現在のところ、「カリスマ美容師」に対する社会的評価は嫉妬ややっかみも多い。「総中流」社会での足の引っぱり合いを感じさせる。「階層の戦後」のゆるやかな連続体のなかならまだしも、その消滅後も足の引っぱり合いだけが残るというのは、産業全体にとっても不毛だし、何より、醜く、不快である。学校がどうの会社がどうの、と評論する前に、そういう身近な意識をなおさないかぎり、「出るくいを打つ」体質は改善されない。

社会的公平という視点からみても、選抜社会の飽和のなかで、不利益をこうむり、閉塞感においこまれたB雇上に希望をあたえた点はもっともっと評価してよい。少なくとも、「有名大学の学生がインターネットで起業家をめざす」よりは、はるかに社会的に役立っていると私は思う。「バブリーだ」という反論があるだろうが、「インターネットで起業家」も事業の内容をみればバブリーなものが多い。高卒（専門学校卒）より大卒が、ハサミよりコンピュータが偉い、という序列意識がそこには隠れていないだろうか。

カリスマ美容師を手放しで誉めるつもりはない。例えば、私自身はたとえタダでもカリスマ美容師にカットしてもらう気はない。私はふだん自分で髪を切っているが、それだけに髪を切る技量は大切だと思っている。

「一日の最大カット人数」が美容師の腕のモノサシの一つになったことに私は疑問を感じざるをえない。人数が多ければ当然人気も高く収入も多いだろう。だが、それは一歩まちがえれば、雑な仕事ぶりに通じる。もちろん、現実に雑かどうかは一人一人の美容師の仕事を実際にチェックした上でいうべきことだが、現実にどうこうというより、それを平気で腕の良さのモノサシにする安易さ、というか鈍感さが気に入らない。

自分の腕で勝負する専門職ならば、雑な仕事ぶりに通じる誘惑を退ける強さがほしい。マスコミ受けをねらった面もあったのだろうが、一線を画する勇気は必要である。「総中流」社会での足の引っぱり合いのなかで、そういう自己主張が強い抵抗にあうのはよくわかるが、何人こなしたかなどは競うべきではなかった。人数を競うくらいなら、どれだけ高い料金をとるかを競った方が健全である。人数を競うようなセンスの人に、私は自分の髪を切ってもらう気にはなれない。

だが、これはあくまでも私の価値観である。カリスマ美容師に髪を切ってもらって「人生を変えた気分になりたい」と思う女性や男性はかなりいるだろう。それを特に否定すべき理由はない。それこそ、おじさんたちが接待で「偉い人になった気分になりたい」と思うのと、大差はないからだ。いや、「偉い人」気分のおじさんは傍目《はため》からは不快なだけだが、奇麗にカットされた髪は、たとえ一日しかもたなくても、他人の心をなごませる。その分はるかにましである。

私は、現実の市場の公平さはほとんど信じていないし（その根拠はこの本で十分わかってもらえるだろう）、市場の効率性もあくまで条件づきで認めるべきだと考えている。だが、市場の倫理はもっともっと重視されるべきだ。それは他人に不当に損害をあたえないかぎり、ある人間の欲望をとやかくいうべきではない、ということである。「うまくやったなあ」と羨ましく思えるのなら、他人に迷惑をかけない範囲で自分も「うまくやる」方法を必死で考えればよい。

B系専門職からW系専門職へ

現在の日本社会の閉塞をうちやぶるには、ブルーカラー系雇用職が自分の未来に希望がもてることが不可欠である。野球がうまい子どもや、サッカーがうまい子どもが、国内でさらには海外でプロ選手としてプレーすることを目標にできるように、ブルーカラーの人間が描ける目標が必要なのだ。

その点で、「カリスマ美容師」のように、B雇上を専門職化していくシステムをつくりだすことはとても重要である。そればかりではない。もしB系の専門職で、会社と個人がリスクと報酬をシェアするシステムが定着すれば、W系の専門職のシステムも立ち上げやすくなる。W雇上というのは安定した高い地位をめざして、選抜競争を勝ちあがってきた人々である。そういう人たちに急に「さあこれからは市場です」といって、一人一人の個人がすべてのリスクを負うことを要求しても、うまくいくわけがない。受けとめるしくみが必要なのだ。

もともと、W系の専門職を定着させるのは、B系の専門職よりもはるかにむずかしい。W系の専門職の多くは人間をあつかうからである。そのため、組織のあり方とも直接関係してくる。例えば管理職自体もかえないといけないし、何より、日常的な仕事のあり方とうまく接合するしくみを考案しなければならない。そこには解くべき、そしていまだほとんど手のつけられていない課題が山積している。

それらを具体的に一つ一つ考える余裕はもはやないが、職業キャリアという点でいえば、B系のシステムのまねをする形で、W系のシステムをつくっていくのは有力な手段となる。そのなかで「専門職とはこういう生き方なのだ」というリアリティを創造できれば、大きな突破口となるであろう。W雇上だけではない、同じように会社的世界の内部で生きてきたB雇下にとっても、専門職への途が開ける。

つまり、B系専門職は、B雇上だけでなく、W雇上やB雇下の「目標」にもなりうる存在なのである。もちろんそこに成功する保証はない。はっきりいえば、目標を実現できない方が多いだろう。だが、本当に重要なのは将来の地位の保証でなく、自分が何のために現在こうしているのか、納得できることだ。成功が保証されていないとだめだというのは、それ自体、とりあえず管理職にまではなれた、従来の学歴 - 昇進型知識エリートの発想である。カリスマ美容師をめざす二〇代の若者を大企業の中高年管理職がやっかみ半分さげすみ半分で批判するという、二〇世紀末の図式は、飽和した選抜システムの病理以外の何ものでもない。

成功がある程度保証されるしくみのなかでは、人は失敗することを何よりも恐れる。成功の保証を求めれば、失敗すらできない社会ができあがる。冒険するためには「失敗してもいい」と納得できるだけの保障が必要だと考えるのであれば、その役割はキャリアコースの制度化ではなく、年金や失業保険などの安全網《セイフティネット》に任せるべきである（第五章2）。

会社人間を組換える

専門職がかわっていくとともに、W雇上のもう一つの職種、管理職もかわっていく必要がある。ただし、専門職と管理職では対応はちがってくる。管理職はW系専門職以上に仕事の成果が他人依存的で、業績や責任の範囲をはっきり決めにくい。勤続年数などの代理指標でしか、能力を測定しえない職業である。これは日本固有の事情ではない。

その点を考えると、管理職は専門職より市場メカニズムに委ねられる部分はずっと小さい。というか、会社か市場かという二分法がそもそもおかしいのであって、専門職にも会社という、個人をこえた組織の力を発揮できる場面はいくつもある。むしろ、専門職に派遣や外部委託を導入（アウトソーシング）すればするほど、その業務をたばね、会社全体をみながら調整する人間が求められる。

そういう管理職には長期安定雇用の方がむいている（ただし、その分生活保証があるのだから、専門職より給料は低くてよい）。会社全体を見渡す視野と経験の広さが不可欠だからである。いや、会社全体だけではない。会社の外の人間をスタッフとして使っていくには、会社の外の世界まで見渡せる視野と経験の広さも必要になってくる。そのためには、会社を一時的に離れる機会をつくる必要がある。一つの会社でずっと生活をつづけていけば、どうしても世界がせまくなり、発想がせまくなっていく。とりわけW雇上の再生産がつづく状況ではそうなってしまう。

かつて「昭和ヒトケタ」の社員たちは、猛烈サラリーマン、会社人間とよばれた。しかし、子どものころから会社的世界の中心部しか知らないという点でいえば、「団塊の世代」以降のW雇上の方が、はるかに強烈に会社人間である。W雇上の再生産は、会社人間でない生き方をそもそも知らない会社人間、自分が会社人間だと気づけない会社人間をつくってしまうのだ。

その究極的な姿は、「自分は会社人間ではない」と思いこんでいる会社人間である。部下や同僚には「自立心が大切だ」「冒険できないやつはだめだ」といいながら、いざ自分が何か決めなければならなくなると、上下左右をきょろきょろ見回して、一番手にもしんがりにもならないよう、慎重に後追いをする。前向きな格好をみせてどんどん後ろにさがっていく、まるでムーンウォークみたいな人である。

そういう一番厄介な会社人間が大量生産されるのも、「団塊の世代」以降の特徴である。実際、「団塊の世代」の管理職には、上の世代からも下の世代からも、こういうふうにみられている人が多い。第四章でみたように、W雇上の世代間再生産が会社的世界の中心しか知らない人間を大量につくりだし、選抜システムの飽和によってエリートの自己否定を強いられて、責任感が崩壊する。「会社人間でない」つもりの会社人間は、その産物にほかならない。W雇上の再生産がつづいていれば、「団塊の世代」の下、つまり私の世代にももちろん、同じことが起きているはずだ。企業や官庁の中枢ポストを占める人間がまだ少ないから、目立たないだけである。

こうした「閉じた会社人間」の弊害を和らげるには、会社を一時的に離れる機会を積極的にあたえるしかない。ボランティアなどの社会活動でも、大学などでのリカレント教育でもいい。そのなかで新たな専門知識を得た後、専門職に転身してもいいし、会社に戻ってもよい。会社は雇用を保証するが、その間の費用は個人負担となるだろう。経済的には楽ではないが、現在でもそういうしくみがあれば、会社を一時離れたいと思っている人はかなりいるのではないか。社会全体からみても、人的資源のより適切な配分になるはずである。

選抜機会の多元化

こうしたしくみの整備は第三の課題、選抜機会の多元化とも直接つながってくる。

多元化は大きく二つのやり方にわかれる。(a)社会全体で目標つまり上昇ルートを複数化することと、(b)個人個人の単位で選抜に挑戦できる機会をふやすことである。

上昇ルートが複数あれば、学歴‐昇進の主ルートにかかる負担も減る。そのルートをとることが明確に当人の選択になるし、そうなれば、「勝者」が自己否定する必要も少なくなる。キャリアコースが制度化されているW雇上は、選択の機会があるようでない職業である。W雇上の再生産が進む状況では、漠然とW雇上になったといった方がいい。専門職と管理職をわけ、それぞれの特徴をより活かせるしくみをつくることは、そのまま、選択が曖昧化し責任も空洞化しやすいW雇上を再生する途にもなるだろう。

そして、このルートの複数化自体が、個人単位での選抜機会の複数化にもつながる。「学校でダメでも社会にでればリベンジできる」と思えることが大切なのだ。その意味でも、「カリスマ美容師」のシステムのような、学歴‐昇進とは無関連《インディファレント》な、新しい上昇ルートの開拓が重要なのである。

そして、これはいわゆる実社会と教育との関係をかえることでもある。例えば、戦前の都市には文部省の管轄でない、完全に私立の職業教育機関がかなり存在していた。そのうちのいくつかは戦後大学になり（東京電機大学や工学院大学など）、いくつかは専門学校（大原簿記専門学校など）になっているが、SSMの調査票に残された一人一人の職業キャリアの回答をみていくと、いったん職業につきながら、夜学などでそういう私立の職業教育機関に通い、新たな技能を身につけて転職するケースがちらほらみられる。戦前のB雇上・下やW雇下にとっては、そういう学校の行き方があたりまえだったらしい。

六五年SSM調査や六〇年東京SSM調査では具体的な学校名をきいたため、そういう学歴の持ち主がときどきでてくる。これらの教育機関は文部省管轄外であるため、戦後の感覚では「学歴」とはみなされないが、戦前の都市住民にとってはこれらも立派な学歴であり、企業の側もそれに応じた処遇をしていた。ある年齢で区切って、学校は学校、実社会は実社会というすみわけは戦後のものでしかない。

教育改革の神話

あたりまえのことだが、教育に何ができるかの大枠を決めているのは、教育と教育外の社会との関係である。第四章でのべたエリートの空洞化を引き起こしたのは、学校外の選抜ルートの消滅という事態なのであって、偏差値の高い大学でもっと倫理を教えればすむわけではない。断っておくが、だからといって学校には何も問題がないというつもりはない。解決できる問題と解決できない問題があるだけだ。「学校に行かなくても成功できる」ルートが再びできれば、学校に行く意味もはっきりするし、学校が生み出す知識エリートの空洞化も和らげられる。人生の途を選択することや目標がはっきりしてくるからだ。

　制度を手直しすべきところはいくつもある。例えば、学歴－昇進の選抜ルートのなかを今よりもっと多元化することはできる。専門職や管理職のリカレント教育などはその例である。内容面でいえば、評価のしくみの不在も大きい。私にとって身近な例でいえば、大学の教員というのは、どんなにまじめに教育にとりくんでも評価されることはない。学生と話す時間を減らし、その分専門的な論文を書いた方が、もっと威信の高い大学に移れる。商業誌に寄稿したり講演やセミナーにでれば、お金が稼げる。これでは「大学教育はボランティアでやってください」といっているようなものだ。

　だが、制度改革ではまったく解決できない問題もある。選抜ルートはどんなものであれ、多数の「敗者」を必ずつくりだす。その負《マイナス》の効果を解消するには、選抜をやめるか、他の選抜ルートをつくるしかない。学校以外の選抜ルートの消滅による負《マイナス》の効果を学校内部で、つまり教育改革で解決しようというのは、自分が乗っているエレベーターを自分で持ち上げようとするようなものである。

　むしろ、さまざまな社会問題の原因を教育に求め、教育改革でそれらを解決しようという見方自体が、選抜システムの飽和によるもの、学歴－昇進だけが唯一の回路となった反映だろう。想像力がせまくなった証拠の一つではなかろうか。教育は社会問題のごみ捨て場ではない。

世代を超えた不公平の問題

第四の課題、世代を超えた不公平の緩和は次の2であらためてとりあげるが、一番むずかしい。他の課題は一応、近代産業社会の枠組みの内部で解決策を示すことができるが、これは近代産業社会の基本となる「個人」の臨界にふれてしまうからだ。

もちろん、部分的な解決策はある。知識エリートの再生産に対しては、選抜機会の多元化でみた上昇ルートの複数化がそのまま不公平の緩和策になるし、親の学歴が低い人間により高い奨学金をだすという逆進的奨学金も考えられる。大学院レベルの学歴になると、経済的・文化的理由から進学を断念する例は今も決してめずらしくないからだ。

もっとラディカルなやり方としては、アファーマティブ・アクションもある。アメリカ合衆国で人種別に大学の入学定員枠をつくったように、親の学歴に応じた入学定員枠をつくることも技術的には可能である。ただ、ここまでくると、W雇上以外からもコンセンサスがなかなか得られにくいし、第四章でみたように、高い学歴を得ることだけが専門職・管理職につくルートではない。

いずれにせよ、世代を超えた不公平は市場化によってはまったく解決できない問題である。市場が前提とする「個人」の中身に、直接かかわってくるからだ。論理的に市場の外にあり、かつ、現実の市場のあり方を決めてしまう。それだけに、個々の政策の有効性をこえて、もっとも深いところで社会のデザインが問われる。

2 女神の天秤

「情報リテラシー」と親の職業

世代間再生産のメカニズムは、学歴などの従来型の知識にかぎられない。いわゆる「情報化」などにかかわる新たな知識にも働いている。

九五年SSM調査では、「お宅では、つぎにあげるもののうち、どれとどれをお持ちですか」という質問のなかで、「パソコン・ワープロ」の所有についてきいている。これが何と関連するかをみてみよう。

ただ、一つ注意すべき点がある。これは個人の所有の有無ではなく、「お宅にある」かどうかをきいている。九五年という調査時点ではまだパソコン・ワープロは一人一台のレベルまで普及していなかったのでしかたがないが、関連する要因を調べる上では少し厄介になる。

例えば親と同居している場合、そのパソコン・ワープロは親のものかもしれない。そもそも誰の所有物でもない、それこそ「家財」になっているケースも少なくないだろう。さらには、とりあえず買ってみたけれど実際にはほとんど使っていないケースも考えられる。収入の多い中高年層では、これも無視できないだろう。

そこで思い切って、(1)親世代や兄弟姉妹と同居していない、(2)三五歳以下で(3)有職者の男性にしぼって、「パソコン・ワープロ」の有無に関連しそうな要因をみることにした。まず、世帯収入（カテゴリー）、本人収入（カテゴリー）、本人学歴、本人現職、母学歴、父学歴、父主職の七つとで相関係数をとると、表5・1のようになる。

	相関係数	（p値）
世帯収入	0.157	(0.011)
本人収入	0.103	(0.056)
本人学歴	0.247	(0.000)
本人現職(威信)	0.300	(0.000)
母学歴	0.055	(0.464)
父学歴	0.029	(0.698)
父主職(威信)	0.223	(0.001)

表5・1　35歳以下男性における「パソコン・ワープロの所有」との相関係数

収入をカテゴリーにしたのは、もともと調査票ではカテゴリーできいており、外れ値の影響も考えたからである。学歴は学歴スコア（第三章1）で、本人現職と父主職は職業威信スコア（第二章2）で数値にした。

一見意外に思えるが、収入は世帯収入も本人収入もあまり関連しない。経済力には還元できないようだ。関連しているのは、本人現職と本人学歴、父主職である。

本人現職と父主職の職業威信スコアは、第二章でのべたように、専門職・管理職で高い数値を示す。実際、本人現職と父主職それぞれについて、W雇上である／ないで所有率をくらべてみると、本人現職ではW雇上が六七％に対して非W雇上が四二％（カイ二乗検定のp値〇・〇〇一）、父主職ではW雇上つまりW雇上出身が六五％に対して非W雇上出身が四三％（p値〇・〇〇三）と、どちらもほぼ一・五倍になっている。

本人の職業は父の職業や学歴と高い関連性をもっており、純粋に本人による成果とはいえないが、本人による部分もたしかにある。それに対して、父の職業はいかなる意味でも本人の努力によらない。まさに目に見えない資産である。それがパソコン・ワープロという、「情報リテラシー」にも影響している。

さらに、これらの項目がそれぞれどうかかわっているかをみると、いっそう興味深い。もともと父主職と本人現職は、この人々でもある程度関連している（威信スコアでの相関係数は〇・三〇四）。本人現職と本人収入、本人学歴と本人現職も関連がある。したがって、本人現職が「パソコン・ワープロ」の所有に影響をあたえるといっても、それは見かけ上で、実は本人学歴が本当の要因なのかもしれない。

そうした要因間の関係をみるために、ロジスティック回帰分析という方法をつかって調べてみた。非該当を除いた総数は二一三名である。尤度《ゆうど》比による変数減少法（ある変数を説明要因からはずした場合に「説明力が下がる」とp値〇・一〇〇未満でいえるものだけを残した）でふるいにかけてみると、本人現職と父主職だけが残った。

本人収入や世帯収入はもともと「パソコン・ワープロ」との相関係数が低いし、本人現職との関連性は高い。だから、はずれるのは予想がつくが、相関係数が二番目に高い本人学歴も残らなかった。本人学歴の影響は、本人現職を経由した間接的なものか、または、父主職の影響が本人学歴を経由したものなのである。

逆にいえば、父主職だけは本人現職を経由しない、独自の影響をあたえている。偏相関係数という指標をつかって、父主職と「パソコン・ワープロ」の所有の相関から本人現職を経由した効果の分をのぞくと、〇・一四八（p値〇・〇三二）になる。ここには第二章でのべた、W雇上予備軍としてのW雇下というあり方も関係しているのだろう。いずれにせよ、父主職という目に見えない資産の力は、伝統的な学校型の知識だけではなく、情報リテラシーという新しい形態の知識にもおよんでいる。

「情報化」が拡げる不平等

パソコンの操作自体は、しばらくすればあたりまえの技能になるだろう。「パソコン・ワープロ」の所有が示しているのは、そうした即物的な能力だけではない。九五年時点でのパソコン・ワープロは何より「先進的機器」であり、それらの所有が示すのは、むしろ高度な知識・能力とされるものへのアクセスの良さである。『情報リテラシー』の本当の意味はそこにある。

日本の知識エリートは二〇世紀はじめごろから、西欧語の読み書き能力《リテラシー》を核とした「教養」を標識にしてきた（竹内洋『日本の近代12　学歴貴族の栄光と挫折』など）。帝国大学卒と旧制中学・女学校卒ではその程度は大きくちがうが、それ以外の人々からみれば、彼ら彼女らは均しく「外国語のできる人たち」であった。だからこそ、英語やドイツ語系の隠語を好んでつかったのである。

制度も思想も技術も西欧から輸入した戦前の産業社会からすれば、この西欧語リテラシーの優位は当然のなりゆきである。近代日本の「教養」はたんなる文化や階層的標識ではなく、実利的なものでもあった。そのメリットがうすらいだ今、情報リテラシーという新たな知識形態が浮上しつつある。

そういう意味でいえば、「知識エリート」というのは本来、何か特定の知識ゆえのエリートというより、その時々の社会で「優れた知識」とされるものをいち早くとりいれるエリートなのである。実際、三五歳以下の男性でパソコン・ワープロの有無に収入があまり影響しないのも、一種の先行投資としてやっている人たちがいるからではなかろうか。お金があるからパソコン・ワープロを買えるのではなく、将来の自分のためになるからパソコン・ワープロを覚えておく。たとえ本当に役に立つかどうかはわからないとしても、少なくともその時々の社会で「役に立つ知識」だと信じられているものを身につけていれば、その人に対する社会的な評価はあがる。「役に立つ人」「有能な人」だと信じてもらいやすいわけだ。

専門職・管理職のような、仕事の成果を個人単位で計測しにくい職種では、そうした期待や信憑が鍵をにぎる。職人のように自分のつくったものだけで自分の腕を示せない以上、周りの人間が「できる人」だと思ってくれなければ、なかなか高い評価を得られない。「できる人」かどうかを示す機会がそもそもあたえられないからだ。

そういう点で、新しい知識形態へのアクセスの良さに対しても、父主職が影響をあたえていることは重大な意味をもつ。たとえ学歴社会が終わっても、知識エリートの再生産はつづくのである。例えば、情報リテラシーがらみで二〇世紀でもっとも成功したビジネスマンはマイクロソフト社の創立者ビル・ゲイツだろうが、そのビル・ゲイツことウィリアム・ヘンリー・ゲイツ三世も、有名な弁護士を父親にもち、中高一貫制の名門私立学校をでてハーヴァード大学に進んだ知識エリートの二世である。

情報リテラシーは省力化だけでなく、広く情報を集める、問題を発見し解決を立案するといった作業に欠かせない能力として、二一世紀にはますます重要になるといわれる。そうした人材を確保し育成するために、もっと高い収入をあたえるべきだという議論もある。情報リテラシーが本当に問題の発見や解決に役立つかどうかは別にして、今後市場化が進めば、そうした「能力」の代理指標として、従来の学歴や勤続年数にとって代わる可能性は十分ある。

そういう社会が来れば、知識エリートの世代間再生産はもっと大きな収入や地位の差を生みだすだろう。それでも公平な競争社会であり、収入や地位の差は本人の業績にもとづくといえるのだろうか。

個人の臨界・市場の臨界

二世を政策的に制限せよというのではない。W雇上の再生産はたしかに日本の産業社会に大きな歪みをもたらしている。だが、それを解消しようとすれば、別のところに大きな歪みがでてくる。

もしW雇上の二世を一律に禁止すれば、それはW雇上出身者の機会を閉ざすことになり、新たな機会の不平等をうむ。それをさけようとすれば、親がW雇上であるかどうかで格差がつかないように、社会全体で調整するしかない。そのためには、例えば、毎年、社会全体で専門職・管理職のポストの数を定めて、それをW雇上出身者と非W雇上出身者の比率にあわせて二つにわけた上で、それぞれ各企業や官公庁に分配し、さらにそれを部署ごとにわけて……といった、想像しただけで気が遠くなるくらい面倒なしくみが必要になる。個々の部署でもW雇上の職に採用する際には候補者の親の主職をチェックしなければならなくなるし、まちがいやごまかしがでないように、公的機関で履歴情報を管理せよ、ということになりかねない。ソ連型社会主義をはるかにしのぐ、超計画経済体制である。そんなことをやっていたら、社会全体で効率性が極端に低下する。

第一章の最初で、二〇世紀末は「みんなが自由主義者」の時代だとのべた。二〇世紀のさまざまな実験を経た現在、市場が資源配分のメカニズムとして効率的であることは多くの人が認めるところである。近代経済学がいうように、なんでもかんでも市場が効率的であるとはかぎらないが、少なくとも現在私たちが想像できるなかでは、やはり効率的な装置なのである。そのことは、二〇世紀の一〇〇年間でかなり実証されたといえよう。

だが、選抜社会を極限まで市場化したところで、公平だといえる保証はどこにもない。「個人」が真空内では生まれない以上、効率と公平は矛盾する可能性をはらんでいる（個人の臨界については、佐藤俊樹『ノイマンの夢・近代の欲望』、佐藤俊樹・石原英樹「市民社会の未来と階層階級の現在」などを参照）。これは市場主義を掲げる人々だけの問題ではない。かつてのマルクス主義は、計画経済を市場よりも効率的で公平なしくみとして賞賛した。効率と公平とは最終的には一致すると、かつての左翼と右翼はともに信じていたのだ。その点でいえば、市場か計画経済かというのは、たかだか手段のちがいにすぎない。

専門職・管理職という知識エリートの世代間再生産は、この二つが現実には矛盾することを示している。現在のような家族制度を認めるかぎり、この二つは矛盾しつづけるだろうし、たとえ家族を解体しても、この二つは一致しないかもしれない。現実には、効率を犠牲にしても公平を守らなければならない場面があり、公平を犠牲にしても効率を守らなければならない場面がある。それは人間が神さまでない以上、本当はどうしようもないことなのかもしれない。

しかし、少なくとも、そこで何かが犠牲になったことだけは忘れたくないと私は思う。二世の制度による不効率をさけるのであれば、さけたことで生じた個人個人の不利益には何らかの形で補償をすべきである。生まれによって選抜での有利不利が決まり、それが結果に反映されるのであれば、競争で勝った人間が極端な大金持ちとなり、負けた人間が極端にみじめな生活を送るのは、不公平だといわざるをえない。

こういうふうにいうと、すぐ「弱者保護」と短絡されやすいが、ここで私が問題にしているのは「弱者をどうするか」ではない（「弱者をどうするか」はさまざまな要因がからむので、単純な議論はできない）。私がとりあげているのは、あくまでも機会の平等／不平等である。

機会の平等は自由な競争社会の大前提だが、市場化すれば自動的に機会の平等が実現されるわけではない。そんな天国のような市場は、経済学の数式の上にしか存在しない。現実の市場に参加する現実の人間は決してのっぺらぼうの、何も書き込まれていない白紙ではない。一人一人がそれぞれちがった背景をもち、それによる有利不利に大きく左右される存在なのだ。たとえ学歴が情報リテラシーにとって代わられても、そこにかわりはない。

「実力本位」だけでは無意味

私たちはその現実の社会のなかで、機会の平等を実現していかなければならないのである。そこには独特な困難がつきまとう。

特に最近は「機会の平等」や「実力本位」がさかんに口にされるが、それらはしばしば空虚なスローガンに終わってしまう。よくある例をあげよう。

「選抜の歪み」が批判されるとき、いつも「学歴偏重」がやり玉にあげられる。第四章でのべたとおり、こうした批判はエリートの自己否定という「お約束」と結びついており、むしろすべての人を均しく選抜競争にのせるシステムの安全装置になっているのだが、現実的な政策論としてもあまり意味がない。もし本当に学歴が選抜基準として重視されなくなったとしても、「学歴偏重」で問題とされていることの本質がかわるわけではないからである。

「学歴偏重」というコトバにはさまざまなちがった内容がこめられているが、その中核にあるのは、学歴が実力がある／ないの代理指標でしかないのに、その代理指標でしか評価されない、という事態であろう。しかし、だからといって、学歴を選抜基準でなくせば、問題が解決されるわけではない。もし実力がある／ないがそもそも何らかの代理指標でしか測れないとしたら、学歴にかわる別の選抜基準をもってきたところで、それもまた代理指標であり、代理指標でしかないのにその代理指標でしか評価されない、という事態がつづくだけである。

したがって、「選抜の歪み」を本当に問題にしたければ、「実力本位でやるべきだ」というスローガンを唱えてもしかたがない。実力が簡単に正しく測定できるなら、最初から実力で測定しているはずだ。できないからこそ代理指標をつかっているわけで、それに対して「実力本位でやれ！」というのは、たんに「現在の選抜基準は代理指標だ」といっているにすぎない。そんなことは最初からみんなわかっている。

逆にいえば、「実力本位で」という主張が意味をなすのは、何をもって測るのかというモノサシも具体的に提案されている場合だけである。それが提示されてはじめて、現在の学歴というモノサシとの比較ができる。新しいモノサシはどういう点で良くて、どういう点は良くないのか。そういう具体的な議論なしに「学歴偏重」を批判しても、「お約束」の予定調和にはまりこむだけだ。

なぜこんな空回りを起こしてしまうのだろうか？

その理由の一つは、解決しなければならない問題自体がとてもむずかしいからだろう。W雇上の再生産のような世代間継承性にしても、ホワイトカラーの成果測定のむずかしさにしても、きれいな解決策はなかなか見つからない。その分、機会の平等を唱える声は、「市場化すれば機会の平等が実現される」といった神話に頼りやすい。

だが、それだけではない。機会の平等社会を実現するには、もう一つ大きな課題がある。それは機会の平等がもつ特異な性格である。その点が正しく理解されていないために、機会の平等を唱える声が空回りしてしまうのである。

機会の平等は「後から」しかわからない

私たちは機会の平等を結果の平等からのアナロジーでとらえがちだが、機会の平等は結果の平等とはまったく異質な原理である。両者のちがいをたんなる基準点のちがいだと誤解している人は多い。だが、もっと決定的な、文字通り本質的なちがいがある。それは、結果の平等は目に見えるが、機会の平等は直接目に見えないということである。

結果の平等が守られているかどうかは、ある時点の収入なり所得なりのデータをみれば判断できる。もちろん、「均等」と「必要」のように（第一章）、どういう規準に照らして平等だといえるかにはいくつか種類があるし、選抜システムであれば、先ほどのべたように、「実力」を測る規準の妥当性がつねに問題になる。それでも、一つの評価規準があたえられれば、平等かどうかは現状をみれば判断できる。

それに対して、機会の平等はたとえ「努力」という形で評価規準が一つ定まっていても、個人個人がもつさまざまな背景のちがいまで調べなければ、守られているとも守られていないともいえない。大きな貧富の差があっても、個人の努力のちがいによるものならば機会の平等は守られているし、逆にほとんど差がなくても、それは一部の人の機会が不当に狭められた結果かもしれない。簡単にいえば、SSMのような調査をしなければ、機会の平等がどうなっているか、そもそも知ることができないのだ。

では、SSMのような調査では具体的にどのくらいまで見えてくるのだろうか。第二章や第三章でのべたことを思い出してほしい。世代間の継承性が地位にどう影響しているかについていえば、一九九五年の調査でわかるのは、一九三六〜五五年に生まれた世代までである。それより若い世代については、九五年の時点ではなんともいえない。

つまり、機会の平等が守られているかどうかは「後から」しかわからないのだ。個人個人の背景のちがいを実際に調べてみないと、機会の平等が守られているかどうかはわからない。そして、調べることができるのは、人々が選抜や競争によってそれぞれ財や地位を得た後、つまり、社会的な資源の配分が終わった後である。実際に職業を選ぶ時点や資源が配分される時点では、いいかえれば現在の労働市場や現在の選抜システムにおいては、機会の平等が守られているかどうかを確実に知ることはできないのだ。

誤解されると困るが、「機会の平等の下では不確実性はつきものだ」という話をしたいわけではない。この種の不確実性とは要するに結果が保証されていないという、結果の不確実性である。

そんなことを今さら強調する必要はない。私がいいたいのはまったく別のことだ――機会が平等であるかどうか、それ自体が不確実なのである。単純にいえば、機会の平等が守られているかどうかは、不確定な形でしかわからない。

見えてくるのは二〇年後

これが具体的にどういうことなのか、この本を読んできた方にはおそらく一番わかりやすい例で説明しよう。

第二～三章では図2・4のオッズ比や表3・1の平均年収のデータをつかって、父がW雇上、つまり専門職・管理職かどうかで大きな格差が生じていることを示した。実はこの図や表を発表するのは今回が初めてではない。「『新中間大衆』誕生から二〇年」でもつかい、その他にも研究会などで数回資料としてつかっている。その際、何人もの方から直接間接に、次のようなコメント（反論？）をいただいた。――「このような格差は学歴主義や年功序列の悪影響によるもので、それらをなくせば解消されるのではないか？」

私自身は、この解釈はいくつかの理由から妥当ではないと考えている。この本のデータにかぎっても、まず、「団塊の世代」で格差が再拡大したことを説明しがたい。年功序列は長期安定雇用とともに普及したわけだが、長期安定雇用が広まった時期はSSMのデータで追跡できる。大企業ホワイトカラーでは「戦中派」世代が移行期にあたる（稲田雅也「日本的経営と長期雇用」）。賃金や昇進制度の点で「昭和ヒトケタ」と「団塊の世代」の間に大きなちがいはない。もし学歴主義や年功序列が原因ならば、「昭和ヒトケタ」ですでに格差が拡大しているか、格差の縮小がとまっているはずだ。第三章でのべた説明を再びつかえば、この世代でもう一つ、新たな閉じる力が働くことになるからである。

もう一つ、より決定的な証拠になるのは表5・1である。学歴主義や年功序列を打破するものといわれる「情報リテラシー」でも、格差が発生している。もしこれも「真の能力主義」にならないというなら、先ほどのべたように、まずそのモノサシを具体的に提示すべきだろう。

しかし、だからといって、あのコメントをくれた人々が誤った判断をしたわけではない。図2・4や表3・1だけならば、この解釈は十分成り立つからである。実際、この本を読んでいて、表5・1がでてくるまでそう考えていた人は何人もいると思う。

逆にいえばこういうことだ――情報リテラシーの獲得においても機会の平等が守られているかどうかは、情報リテラシーと父主職との関連性を調べて、はじめてわかる。それがわかっていない状態では、「情報リテラシーでは機会の平等が守られるはずだ」と考えてもまちがいとはいえないし、「情報リテラシーこそが学歴主義や年功序列の壁をやぶって機会の平等を実現する」と主張することさえできる。

想像してみてほしい。もし九五年のSSM調査で「パソコン・ワープロ」の所有を調べていなかったらどうなっていただろう？　あるいは私がそれと父主職との関連性をみてみようと思わなかったら？　あるいはこの本を第三章まで読んでわかったつもりになって先を読むのをやめた人がいたとしたら？　いうまでもなく、「学歴主義や年功序列の悪影響で格差が生じたのだ」という解釈も十分成り立っていたはずであり、それらを打破すれば機会の平等が守られるのだという主張が実際にいわれていただろう。

もちろん、SSMのような調査が継続してなされていれば、いずれこの父主職による格差はとらえられるようになる。父が専門職・管理職であった人が高い情報リテラシーを身につける結果、「有能な人間」として評価され、本人四〇歳職でやはり専門職・管理職についているという事実が発見されるだろう。けれども、その時点ではもはや地位や資源の配分はすでに決まっている。決まっているからこそ、SSMのような調査で目に見えるようになるのだ。

厳密にいえば、情報リテラシーの大小がW雇上になる可能性を決めるというのは、現時点でいわれている予測にすぎず、本当にそうなるかはわからない。したがって、情報リテラシーを通じてW雇上が再生産されるというのもあくまで仮定の上の話であるが、逆にいえば、情報リテラシーが将来の地位を決めるという確証がない以上、現時点で情報リテラシーの差を政策的に解消するのもむずかしい。

機会の平等が後からしかわからないというのは、まさにこういうことなのである。第二章で、世代間移動は二〇年以上の時間をかけて起こる出来事だとのべたが、まったく同じことが機会の平等にもあてはまる。機会の不平等は二〇年以上の時間をかけて、そして、SSMのような調査を通じて、ようやく目に見えてくるのである。

不確定性を吸収するしくみ

そういう根源的な不確定性を機会の平等原理ははらんでいる。それを理解しないかぎり、「機会の平等」を求める声は必ず上滑りし、空回りする。本来いえないはずのことを強引に断言したり、「なるからなる」式の同語反復《トートロジー》をくり返すことになるからだ。

機会の平等原理にもとづく社会では、一人一人のもつどういう背景がどの程度有利不利に働くか、わからない。将来どうなるかわからないというだけでなく、現在、何がどの程度有利不利を決めているのかも確定的に知ることができない。「後からしかわからない」以上、機会の平等不平等はつねに暫定的にしかいえないのである。

情報技術（IT）が高度化し環境が激変する経営状況では、「何か良さそうなもの something good」としての情報をいかに保持するかが鍵をにぎるといわれる（福留恵子「組織において『自由なコミュニケーション』がもつ意味」）。不確定な状況では不確定さそのものを吸収できる制度が必要になる。それが「何か良さそうなもの something good」という不確定な形での情報保持なのである。

同じことが機会の平等にもいえる。二一世紀の経営に不確定な形での情報保持が欠かせないように、二一世紀の社会には、機会の平等がはらむ不確定性を吸収するしくみが必要となるのである。機会の平等原理にもとづく社会をつくる上でこれがどんな意味をもつのか、さらには、機会の平等がこのようなものだとしたら、そもそもなにゆえ機会の平等がのぞましいといえるのかといったことについて、くわしく議論する余裕はもはやないが、重要な点を一つだけ指摘しておこう。

機会の平等原理にもとづく社会では、機会の不平等が現実に発生しなかったかどうかをつねにチェックしていなければならない。後からしかそれはわからないからだ。そして、もし不平等が具体的に発見された場合には、それによる不公正を事後的に補償できるしくみをあらかじめ用意しておかなければならない。つまり、機会の平等原理にもとづく社会には、少なくとも、機会の不平等を監視する機関と、不公平が認められれば所得を再配分できる機関が必要なのだ。機会の不平等の原因そのものを是正する機関については、どの範囲の原因にどの程度まで介入すべきかをふくめて、議論がわかれるだろうが。

それらが二〇世紀の福祉国家とどこでちがい、どこで同じであるべきかは、あらためて検討する必要があるが、具体的な事例を一つあげておくと、このことは機会の平等と公的年金や失業保険、生活保護などのセイフティネットの関係について、まったく新しい可能性を開く。

機会の平等とセイフティネット

セイフティネットについてはすでにさまざまな議論があるし、そもそも「セイフティネット」という言葉で何をさすのか、かなり混沌としている。例えば、機会の平等で発生する貧富の大きな差を緩和する手段としてセイフティネットを考えている人もいれば、機会の平等を推進する手段として失敗した場合の保険が有効だという意味で、セイフティネットを考えている人もいる。どちらであるかによって、機会の平等との関係性はちがってくるが、そのどちらにせよ、セイフティネットには独特なおちつきの悪さがある。機会の平等との組合わせ方はいろいろあるにしても、セイフティネットがつくりだすもの自体はむしろ結果の平等に近いからだ。それゆえ、セイフティネットは機会の平等にとって異質なもの、外在的なものと、なんとなく考えられてきた。

しかし、機会の平等が不確定性をはらむのであれば、その不確定性を吸収するしくみの一つとして、セイフティネットを位置づけることができる。そうなると、セイフティネットは機会の平等を補完する別の原理ではなく、むしろ機会の平等に内在する制度となる。例えば、(a)ある世代で財や地位が配分された後に機会の不平等が発見された場合、それを補償するものともなるし、

(b)数世代にわたって機会の不平等の原因となっているが是正するコストがきわめて高いものがある場合に、それを解消しないまま競争社会をやっていることへの代償にもなりうる。(b)の場合、現在の不平等度は当然知りえないわけだが、二〇年という長い時間をかけて起こる世代間移動での不公平は本来取り返しがつかない。それを考えれば、大きな不利益が起こる可能性はなくすべきだろう。

本当は、これらの場合には、「セイフティネット」と呼ぶこと自体、適切ではない。セイフティネットという言葉には「落ちた人用」という意味が必ずふくまれるが、機会の不平等で不利益をこうむった人を「落ちた人」とよぶのは不当だからである。だが、その呼び方の妥当性はともかく、「機会の平等社会にはセイフティネットも必要なのではないか」という、多くの人がいだいている直感に対して、これは一つの解決をあたえてくれる。

胸をはれる実績社会へ

これまでデータを紹介しながらえんえんのべてきたが、要するに、私はただ、成功といえる成果をあげたすべての人が、胸をはって、「自分の実績だ」といえる社会でありたいだけだ。生まれによる差がそのまま一人一人の実績につながるならば、それは正当な競争ではない。ただの出来レースである。出来レースで勝っても、嬉しくないし、誇りにも思えない。

出来レースでなくするためには、社会のしくみの上で、個人個人の力のおよぶこと／およばないことをできるだけ正しく区別する必要がある。そして、本人の力によらない有利不利や幸福不幸を解消するのが不可能ならば、それを補償するしくみを維持し、格差の拡大再生産をできるだけ防ぐ。

例えば、もしW雇上の世代間再生産が解消できないのであれば、最低限、セイフティネットは税金で維持しつづけるべきである。たとえ「餓死する権利」を認めるとしても（私は認めないが）、それはあくまでも公平な競争が、本当の機会の平等があたえられた上でのことだ。その点に異論がある人はいないだろう。私たちの社会はそういう理想的な公平さ、機会の平等を現在もっていないし、将来もてる保証もない。具体的な機会の不平等は後からしかわからないのだから。

「市場」の導入もそうした視点から考えていく必要がある。いうまでもなく、現在の日本社会には、市場化によってより良い状態にできる部分はかなりある。何より、学歴にかわるモノサシとして、現在具体的に提案されているのは市場だけである。

市場をモノサシとする主張には二つの種類がある。一つは「市場の評価こそが真の実力を示す」という主張である。もう一つは「市場は学歴よりもよい代理指標となる」という主張である。この二つは実はかなりちがったことをいっている。

第一の主張に対しては、いうべきことはごく簡単だ——そんな理想的な市場は経済学の数式の上にしか存在しない。美しい数学モデルを美しいからといって現実ととりちがえるのはまちがっている。

それに対して、第二の主張には十分耳をかたむける必要がある。例えば、第三章でみたブルーカラー雇用の「一国一城の主」＝自営になるルートも、学校制度ではなく、市場に評価をもとめた事例と考えられる。もちろん、その市場はあくまでも現実の市場であり、そこでの成功不成功には運不運がつきまとっていた。第一章でのべたように、ブルーカラー自営が理想の配分原理を「実績」ではなく「努力」におくのは、そういう市場の現実を自分の膚でよく知っているからだろう。学歴競争とは別の種類の不公平がそこにはつきまとっていた。それでも、学校によらない選抜の基準が、つまりもう一つの代理指標があることは、それだけで大きな意味があったはずである。

代理指標の良し悪しというのは、そういう点までふくむ。ブルーカラーとホワイトカラーを単純に同一視できないが、同じような代理指標でも複数組合わせることで、より公平な選抜社会、正確には、より公平だと感じられる競争社会や、選択する意味を見出せる選抜システム（第四章）をつくることもできる。「市場化すれば機会の平等が実現される」と唱えるだけでは、こうした可能性は見えてこない。

それが私たちの生きている社会の現実なのだ。だから、例えば累進的な所得税や相続税は、本当の実績主義という立場からみても、不公平なものではない。本当に本人の力によると思われるもの、例えば創業者利益などは、特別の税制をもうけて手厚く保護すればよい。そして本人の力によらない不利や不幸が発見されたならば、税金で社会保障をすることを考えるべきである。

もちろんその具体的な切り分けの細部は本当にむずかしい。誰もが納得する切り方はできないかもしれない。だが、私は切り分ける努力すらせずに、たんに「実績」とみなされているものを安易に実績とみなし、自由で正当な競争の結果だと強弁したくはないし、むろん強弁されたくもない。その切り分けがむずかしければ、それを補償するしくみを維持するコストはみんなで払おう。それこそ胸をはって生きていくために。

ただそれだけのことである。

終章　やや長いあとがき

1

ある『青年』の話をしよう。

彼が生まれたのは一九三三（昭和八）年である。だからもちろん今は青年ではない。広島県東部の小さな村の農家の次男であった。自作農だったから貧困というほどではなかったが、父親を早く亡くし、兄弟姉妹も多かったため、それなりの苦労はあったようだ。成績はとてもよかったらしく、隣の市、大林宣彦の映画三部作で知られる旧い港町の旧制中学に進む。村の小学校から旧制中学にいくのはまだ一人二人の時代であった。米軍機の機銃掃射を警戒しながら、山越えの道を自転車で願書を出しにいったと、話してくれたことがある。

そして敗戦。旧制中学から新制高校に移り、卒業したのは一九五一年。就職先は日本電信電話公社、今のNTTである。最初の仕事は電話交換手で、「県内初の男性電話交換手」として新聞に載ったそうだ。その後は社内の研修機関を経て、人事管理部門を歩くことになる。広島県と山口県を転勤で行き来し、最後の職場は山陰地方の小都市。金子みすゞの故地として最近少し知られるようになったが、東京ではほとんど無名の、小さな都市の電話局長であった。NTT民営化ですでに「営業所長」だったかもしれないが、当人はずっと「電話局長」といっていた。それが正直な実感だったのだろう。

——一枚の人生のプロファイル。ごく平凡な、ほとんど匿名といってよい人生である。農家に生まれ、都市に出て、サラリーマンの管理職になっていく。同世代の人間の多くが場所と時間と行程を少しずつちがわせながら、同じような人生をやはり歩んでいた。

『青年』は二人の子どもをもった。そのうち男の子は一九六三年、東京オリンピックの前年に生まれる。小学校を卒業後、私立の中学高校一貫制の進学校に進んだ。そこでその子が見たのは、医者と教師の子どもたちという同級生であった。高校を卒業後、東京の大学にはいり、大学卒業後、大学院に進んで研究者の途を選ぶ。ほとんど意識することはなかったが、大学進学を断念した父親の、「学問への憧れ」がどこかにあったのかもしれない。そして、大学院で今度は、大学教員の子どもたちという、自分が生まれ育ったのとはさらに異質な世界を目にすることになる。

2

もうお気づきの人もいるだろう。その『青年』の子どもというのは私である。父が管理職に昇進したのは三九歳のときだから、私もW雇上の二世になる。

実際、私は大学に入るまで社宅以外に住んだことがなかった。それも一軒家だったのは四年間だけで、あとはずっと社宅のアパートである。幼いころの遊び仲間も、ほとんどが同じアパートの子どもたちだった。社宅のアパートというのは、住んだ人はおわかりだろうが、会社の一種の延長である。一番長く住んだアパートの隣には、地元企業のやはり社宅アパートがあったが、その子どもたちとは遊んだことも話したこともほとんどない。

ただ、私はやがて自分が生まれ育った世界をも離れることになる。W雇上は一つの均質な階層というより、同心円状の構造をなしている。「地方」から東京へ、大学から大学院へと進むことで、私はこの同心円の周辺から中心へと急速に世代間移動することになった。大学に入るために長年住みなれた都市を離れるとき、車窓からほとんど故郷といってよい街並みをながめながら、「もうここに帰ることはあるまい」と思っていた。それは決意というより、どうしようもない事実であった。今も、事実でありつづけている。

そうしたことが、私にとって、どこかいいわくいいがたい思いを階層にいだかせるのだろう。大学院にはいった年、帰省した私と二人きりになったとき、父はたずねた。

「ところで、ちょっとききたいんだが。おまえも大学院にはいったことだし、わかるんじゃないかと思って」

「うん、なに」

「数学に定理ってのがあるだろ」

「あるねえ」

「あれ、ずっと前から探しているわけだろ」

「うん、みんな必死になって探しているよ」

「もうそろそろ全部発見されたんじゃないか。まだ全部みつかってないんか」

——一瞬絶句した後、私のひねりだした答えは、「数学の定理っていうのは一個みつかったら、その分新たにいくつもでてくるみたいよ」であった。嘘をつくことはできず、かといって父に理解できない言葉で答える気にはなれなかった。だが、その瞬間、私は、大学院で私が何をやろうとしているのか、父が理解することはないし、それを父自身が痛いほど理解していることを感じたのだった。

その意味では、やはり私はこの本を父にむかって書いているのだろう。何よりも本を読むのが好きだった父が、もはや本を読めないことを知りながら。

3

最初にふれたように、この本は一九五五年からつづいている「社会階層と社会移動全国調査」（SSM調査）のデータを素材にしている（【解説1】）。データの使用については一九九五年SSM研究会の許可を得た。

文部省統計数理研究所の国民性調査や、総理府の国民生活に関する世論調査、NHKの「日本人の意識」調査など、数年周期で継続的になされている全国調査は、SSM以外にもいくつかある。そのなかで、SSM調査は特定の機関に拠点をもたない点で特異な存在である。専従スタッフをもてないため、資金調達や人員の確保の負担は大きい。過去、四回の調査でも苦労が多かったと聞いている。

さいわい、今回、一九九五年SSM調査研究は、文部省の科学研究費補助金特別推進研究の援助をうけることができた。代表の盛山和夫教授（東京大学）をはじめ、中核的メンバーの方々はさまざまなご苦労をされたと思うが、研究グループ全体からすれば、従来のSSM調査より、個人の持ち出し分は軽くなったのではないだろうか。その点で特別推進研究に選ばれたのは、やはり大きかった。審査と事務にあたられた文部省その他、関係者の方々に感謝したい。

文系の研究、それも社会学のような分野は「成果がでてこない」「よくわからない」というイメージが、納税者にも、文部省にも、そして理系の研究者にもあるようだ。この本がそういう固定観念をやぶる一助になれば幸いである。ついでにいえば、こうした調査研究をゆたかにする上でも、「よくわからない」研究が必要なこともご理解いただければ、望外の幸せである。

また、私自身の研究を進める上では、前任地、東京工業大学社会工学専攻の方々のご協力がたいへん力になった。講座の矢野眞和教授をはじめ、助手であった加藤毅さんと稲田雅也さんのほか、大学院生・学部生の方々には一方ならずお世話になった。なかでも粒来香さんには、実査だけでなく、六五年SSMの学歴再々コーディングから、九五年SSMの地域関係のコーディング作業、六〇年東京SSMのコーディング作業まで、ずっと手伝っていただいた。

粒来さんと二人で、一夏かけて、六五年調査票一枚一枚に記入された最終学歴校を、文部省年報や昔の地図——文部省管轄外だと校舎の所在地で判定するしかないことがあるのだ——と首っぴきでコード化したのは、今思い返しても気が遠くなる。現在では到底考えられない、贅沢な研究時間の使い方であった。けれども、時に職業経歴も参照しながら、同定と分類の作業をくり返すなかで（結局三回コーディングをやり直した）、私は人々が学歴や職歴にいだくリアリティを、調査票にのった一つ一つの手書きの文字を通じて、少し具体的に想像できるようになったのだと思う。

稲田雅也さんには、こまごまとした事務作業のお手伝いのみならず、職歴データから四〇歳職をぬきだすプログラムの作成や、必要なデータのファイル化をしていただいた。その意味で、この本でやった分析の一部は稲田さんとの共同研究の成果である。

計量分析には、目に見えない地道な作業のつみかさねが欠かせない。その点で、東京工業大学社会工学専攻という場は、私にとって、いろいろなことが学べる場であった。この場にいなければ、私のSSM調査研究はもっと上っ面をなでるだけになっていただろう。

そして現在の私の職場、東京大学国際社会科学専攻相関社会科学コースは、この本で何度も引用させていただき、批判も書いた故村上泰亮氏が勤めておられたところである。だから村上氏はいわば職場の先輩にあたる。私自身は直接お会いしたことは一度もなく、ただ著書を通じてのみ知る偉大な先達であるが、「村上泰亮をいかに超えるか」が結局この本のテーマになった。これも何かの因縁かもしれない。

4

九五年SSM調査研究は、社会学・教育社会学を中心に、総勢一〇〇名を超えるメンバーによる共同作業である。私はその一人にすぎない。私の分析や主張は、九五年SSM調査研究を代表するものではまったくない。階層の再固定化にしても、私とはちがった読み方や解釈をしているメンバーは少なくない。

その方々の研究や、さらに過去のSSM調査研究の蓄積から、私が得たものも大きい。それらをふくめ、本来ならば、先行業績や関連する文献をその都度本文中に表記すべきであるが、新書ということを考え、読みやすさを優先して、特に必要な場合をのぞいて巻末に参考文献としてのせるにとどめた。この点については、関係者のご寛容をこう次第である。

計量データは、文字とも映像ともちがうリアリティをみせてくれるが、数字にしたからといって特別に真実がとりだせるわけではない。例えば、本人四〇歳職でみた世代間移動についても、六つの職業カテゴリーではなくて、別の測り方でみていくと、ちがった像がうかびあがる。それもまた計量分析の面白さである。

九五年SSM調査研究をまとめたものとしては、まず、原純輔・盛山和夫『社会階層』がある。この本は従来のSSM調査研究の流れをひきつぎつつ、九五年調査研究の全体をバランスよく紹介している。

さらに、個々の研究メンバーが執筆したものとして、二〇〇〇年初夏から『日本の階層システム』全六巻が東京大学出版会から刊行される（【文献】の1参照）。より専門的で詳細な研究成果を知りたい方は、こちらの方をぜひ参照してほしい。本文中で参照した報告書所載の論文も改訂版がおさめられており、そのなかには私とちがった解釈にたつ、すぐれた研究も少なくない。

解釈のちがいだけではない。本文中でものべたが、この本での分析は九五年までのSSM調査にもとづいている。現時点で起きている変化を正確にとらえるには、二〇〇五年になされる（はずの）第六回のＳＳＭ調査もあわせて見なければならない。それによっては、この本の内容にも大きな修正が必要になるかもしれない。

それらの意味で、データの数字や解釈はつねに暫定的なものである。数値でしか語れないことも多いが、数値をうのみにするのも危険である。現代社会では数値は特別な真理として、他人を黙らせるために使われやすいが、本来数値というのはそこから他者と話しはじめるためにあるのだと私は思う。この本もまた、そのために書かれている。そういう本として読んでいただければ、ありがたい。

5

最後になったが、お世話になった二人の編集の方にお礼をのべておきたい。

もともとこの本の企画は、中央公論社（当時）の黒田剛史さんから三年前に手紙をいただいたことからはじまった。文面に魅かれてお会いした時、「最近はこういう研究をやっています」と見せたのが、第二章にのせたいくつかの図の最初の版である（計算間違いがみつかって描き直しになった）。ちょうど九五年ＳＳＭのデータ分析の真っ最中で、報告書もまとめなければならず、本にとりかかるまで一、二年まってもらうことにした。

その後、私の方で教員の仕事がいそがしくなり、長い分量を書けなくなったため、また無理をいって、新書の編集部の方に紹介してもらうことになってしまった。黒田さんには結局わがままをいいっぱなしであった。

また、新書編集部の高橋真理子さんには原稿を読んでいただき、出版の作業全般にわたってお世話になっただけでなく、内容に関してさまざまな有益なコメントをいただいた。叙述の仕方だけでなく、論理の欠落も指摘してもらったおかげで、自分でもすっきりしなかった点をいくつも考え直すことができた。

ふりかえってみると、我ながらわがままな著者であったとあらためて思うが、それだけに、のびのび書くことができた。本を書くことには未だ苦手意識がぬけないが、私としては満足できる仕事ができたように思う。お二人に感謝して、この本を終えることにしたい。

【解説1　SSM調査について】

1　各調査の概要

本文中でもふれたように、「社会階層と社会移動全国調査」（略称SSM調査）は第一回の一九五五年以来、一〇年ごとに現在まで五回行われている。またそれ以外にも、同種の調査票をつかった調査がいくつかある。この本では第一回〜第五回と、一九六〇年に行われた東京SSM調査のデータを利用した。SSMというのは、Social Stratification and Mobility（社会階層と移動）の頭文字である。

各調査における標本数と回収率などは次ページの表の通りである。なお、以下の説明は原純輔氏の「SSM調査について」を参考にさせていただいたが、あくまでも私個人の責任によるものである。SSM調査全体を代表するようなものではない。

各調査の対象は一九七五年の第三回までは二〇〜六九歳の男性、八五年の第四回からは二〇〜六九歳の男性と女性である。六〇年の東京調査では、東京区部在住の二〇〜六九歳の男性を対象としている。

標本抽出は第一回〜第五回は層化二段抽出（全国で約三〇〇地点）、六〇年の東京調査は二段抽出（東京区部で五〇地点）である。なお、第一回調査は当初、区部・市部・郡部にわけてサンプリング（標本抽出）したため、現在のデータは当時の人口規模にあわせて再サンプリングしたも

調査年	名称	種別	設計標本数	回収標本数	回収率
1955年	第1回	区部	1500	1138	75.9%
		市部	1500	1230	82.0%
		郡部	1500	1309	87.3%
1965年	第2回		3000	2158	71.9%
1975年	第3回		4001	2724	68.1%
		威信	1800	1296	72.0%
1985年	第4回	男性A	2030	1239	61.0%
		男性B	2030	1234	60.8%
		女　性	2171	1474	67.9%
1995年	第5回	A票	4032	2653	65.8%
		B票	4032	2704	67.1%
		威信	1675	1214	72.5%
1960年	東　京		2000	1252	62.6%

のが用いられている。再サンプリング後の標本数は二〇一四である。「サンプリング」「設計標本数」「回収標本数」などの用語については【解説2】参照。

第三回と第五回で威信とあるのは、職業威信スコア（第二章）をもとめるための調査である。これについては3の項を参照。

2　調査票とその種類

調査票（質問や回答選択肢などを載せたもの）は各調査ごとに作成されているが、職業キャリアや学歴などの基本的な質問項目はもちろん、価値観などにかかわる質問項目も、過去の質問の形を基本的に踏襲して、統一化されている。

第三回までは各調査ごとに全員に同じ調査票をつかったが、第四回では男性にA票とB票、女性に女性票という三種類の調査票をつかった。本人の職業キャリアや収入、両親の学歴と職業などに関しては三種類とも共通だが、A票では階層認知や公平観について、B票では本人の学歴取得のプロセス（いわば学校キャリア）について、女性票では性別役割をめぐる意識や価値観について、それぞれ重点的に質問した。

第五回調査ではA票とB票という二種類の調査票をつかった。A票は本人の職業キャリアや入職経路、子ども期の環境などの社会移動のプロセスについて、B票は政治意識や公平をめぐる価値観などについて、重点的に質問した。どちらも内容は男女共通である。第一章でふれた「理想の資源配分原理」「現実の資源配分原理」の質問はB票にのっている。なお、本人四〇歳職は職業キャリアの回答から同定できるが、第五回ではA票にしか職業キャリアの質問がないので、四〇歳職のわかるサンプル数が少なくなっている。

【解説】

3　威信調査と職業威信スコア

七五年の第三回調査と九五年の第五回調査では、職業威信スコアをもとめるため、威信調査が同時に行われた。威信調査というのは、第三回では八二個の職業、第五回では五六個の職業をあげて、「世間では一般に、これらの職業を高いとか低いとかいうふうに区別することもあるようですが、いまかりにこれらの職業を高いものから低いものへの順に5段階にわけるとしたら、これらの職業はどのように分類されるでしょうか」という質問をして、調査対象者に各職業を五段階で評価してもらうものである。それを「最も高い」＝一〇〇点、「やや高い」＝七五点、「ふつう」＝五〇点、「やや低い」＝二五点、「最も低い」＝〇点に換算した上で、各職業ごとに、全回答者の評価点を平均した値が、職業威信スコアになる。

威信スコアの詳細については、文献表にのせた都築一治編『職業評価の構造と職業威信スコア』を参照してほしい。その一部は原純輔・盛山和夫『社会階層』でも紹介されている。第三回調査時の威信調査については、直井優「職業的地位尺度の構成」にくわしい。

七五年の威信調査にもとづく威信スコアと九五年の威信調査にもとづく威信スコアは、よく一致している。両者の相関係数は〇・九六七である。また、九五年の威信調査は男性・女性両方を対象にしたが、男女でほとんど差はない。男性の回答にもとづく威信スコアと女性の回答にもとづく威信スコアの相関係数は〇・九九六である。

本文中の統計分析では、七五年の第三回調査時の威信調査にもとづく威信スコアをつかっている。

4　職業や学歴のコード化

職業キャリアの質問では、最初についた職業から現在の職業まで、本人がついたすべての職業に関して、雇用形態、従業先の名称、仕事内容、役職、入職年などを答えてもらっている。職種の分類は、調査票回収後、仕事内容の回答を二八八個（第一回〜第四回）または一八八個（第五回）の職業小分類にあてはめて、コード化したものが基本になっている。職業威信スコアはこの小分類を八二個（第三回調査での威信スコア）または五六個（第五回調査での威信スコア）にまとめたものに対してつけられている。

世代間移動をみる場合は職業分類があまり多いとかえって不便なので、二八八個ないし八二個の職種をさらにまとめたものをつかうことが多い。一般的によくつかわれるのは、専門、管理、事務、販売、熟練、半熟練、非熟練、農業の八つにまとめた大分類である。この本で用いたW雇上、W雇下、全自営、B雇上、B雇下、農業という六分類（第一章）は、この大分類をさらにまとめた上で、雇用形態とかけあわせたものである。

なお、第一回調査と第二回調査については、データの形式を統一するため、一九八〇〜八一年に富永健一氏らによって、調査票から再コーディングする作業が行われた。この時に、仕事内容も現在用いられている小分類にコード化されている。

ただし、第二回の本人学歴については、最終学歴校を具体的な学校名で回答してもらったため、

【解説】

旧制から新制へのきりかえもあって、分類が一部不統一になっていた。そこで九五年の第五回調査の一環として、再々コーディングを行った。これによって若干の混乱を修正したほか、学科や旧制学歴の種別など、よりくわしい情報が利用可能になっている。この本ではこの再々コーディングされた学歴コードをつかっている。

東京調査については、やはり第五回調査の一環として、粒来香氏らによって調査票の一部が再コーディング化された。これは、戦前から戦後にかけての東京の都市社会をみる上で、貴重な計量データになっている。この調査の簡単な解説は安田三郎『社会移動の研究』にある。

【解説2　検定と信頼区間について】

1　サンプル調査とは

本文のなかでは、統計的な信頼性に関して統計的検定を行ったり、信頼区間をもとめたりしている。検定や信頼区間に関しては、多くの入門書や教科書があるので、くわしくはそれらを参照してもらいたいが、簡単にそのコンセプトについて説明しておく。

ＳＳＭ調査は「サンプル調査（標本調査）」といわれる種類の調査である。これは、本来調べたい対象が膨大な数にのぼる場合に、全部ではなく、一部だけをサンプル（標本）としてぬきだして、そのサンプルを調査するものである。ＳＳＭの場合でいえば、本来調べたい対象は日本社会の二〇～六九歳の男女全体や四〇～五九歳の男性全体である。これを全員調べることは無理なので、一部だけをサンプルとしてぬきだして調査している。【解説1】の表にある「標本数」というのが、そのぬき出したサンプルの数である。

サンプル調査でもっとも重要なのは、ぬきだしたサンプルの集まり（これを「サンプル集団」という）が本来調べたい対象（これを「母集団」という）をできるだけ忠実に再現していることである。そのために、「ランダム・サンプリング（無作為抽出）」という方法をとる。ランダム・サンプリングというのは、一言でいえば、母集団において、サンプルとしてぬきだされる確率がどれも等しくなるようなぬきだし方である。SSM調査でつかっている層化二段抽出もその一種である。

ランダム・サンプリングされたサンプル集団は、本来調べたい対象である母集団を可能なかぎり忠実に再現したものになっているが、完全に同じものにはならない。サイコロでいえば、一から六までどの目がでる確率も等しいが、実際にふってみると一の目だけがでてくることもある。それと同じで、ランダム・サンプリングをしても、例えば本人現職がW雇上でかつ父主職もW雇上の人ばかりをたまたまぬきだしてしまうことはありうる。

この場合、サンプル調査で得られるW雇上のオッズ比はきわめて大きくなる。逆にいえば、得られたW雇上のオッズ比の数値が大きくても、それは本人現職がW雇上でかつ父主職もW雇上の人をたまたま多くぬきだしたため、という可能性はつねにある。サンプリングという操作をすると、本来調べたい対象の数値とサンプル調査の数値がずれる可能性がつねに生じるのである。

2　サンプリング誤差を考慮する

この「たまたまぬきだしてしまった」というずれ（の可能性）を、「サンプリング誤差」という。サイコロを何千回もふれば、次第にどの目もでてくる回数が等しくなるのと同じように、サンプル数も多くなるほどサンプリング誤差は小さくなる。いいかえれば、統計的な信頼性があがるわけだが、完全に〇にはならない。

したがって、サンプル調査で得られたデータから（本来調べたい対象について）何かをいう場合には、調査で得られた数値、例えばオッズ比やファイ係数の大きさや収入の平均値の差などに対してサンプリング誤差がどう影響しているかまで考慮した上で、判断するのがのぞましい。収入の平均値の差でいえば、調査で理想の資源配分原理を「実績」と答えた人と「努力」と答えた人の間で収入に差があったとしても、それだけでは、日本社会の二〇〜六九歳の男女全体で差があるとはいえない。その差がたんにサンプリング誤差によるものでないかどうかを、つまり、二〇〜五九歳の男女全体では本当は平均収入に差はないのに、理想が「実績」でかつ高収入の人をたまたま多くぬきだしたためではないかどうかを、チェックするのがのぞましい。

サンプル調査ではサンプリング誤差はつねに存在する。つまり、本来調べたい対象での数値と調査で得られる数値はつねにずれうる。このずれが具体的にどのくらいかは確定できない（なぜなら確定するには本来調べたい対象での数値を知っていなければならない）。だが、サンプル数がわかれば、どのくらいのずれがどのくらいの確率で起こるかは計算できる。それをもとに、本来調べたい対象に関して、確率を介して何かいう手続きが用意されている。それが「統計的検定」や、「信頼区間」を求める手続き（「区間推定」という）である。

3 検定

統計的検定というのは、有意水準という確率値を基準において、その下で本来調べたい対象の数値について判断するものである。

例えば、平均収入の差を検定したい場合であれば、T検定という方法で、有意水準五％とか一％とかで「差がある」といえるかどうか判断する。「有意水準五％で差がある」とは、サンプル調査で得られた平均収入の差から考えて、本来調べたい対象（母集団）でも「差がある」と判断してそれが誤っている確率は五％未満、という意味である。

【解説】

一定の有意水準をクリアできるかどうかを示すのがp値である。例えば、二〇〜六九歳の男性で、理想の資源配分原理が「実績」の人と「努力」の人の平均年収の差をT検定にかけると、p

値が〇・〇一九になる(第一章)。この場合、有意水準が二・五%や五%に設定してあれば、本来調べたい対象でも「平均年収に差がある」といえる。それに対して、もし有意水準が一%であれば、「差がある」といいきることはできない(これは「差がない」という意味ではない)。

カイ二乗検定や、ログリニア分析をつかったオッズ比の差の検定でもほぼ同じである。他には相関係数の検定がでてくるが、この場合は「相関係数が〇でない」といえるかどうかを検定している。

有意水準が低ければ、「差がある」と判断してそれが誤っている確率は小さい。したがって、あえて単純化していえば、p値が小さいほど本来調べたい対象、例えば日本社会の二〇〜六九歳の男性全体においても「差がある」といってもだいじょうぶだといえる。ただし、これはあくまでも単純化したもので、検定手続きは本当はもう少し複雑な論理で組立てられている。その厳密な意味については専門書を読んでほしい。

4 信頼区間

信頼区間を求める区間推定という手続きは、検定とちょうど裏表になっている。

これも具体的な数値をだす方がわかりやすいだろう。五五年SSM調査のデータで、父主職×本人現職でW雇上のオッズ比を測ると、九・五八になる。これから、本来調べたい対象である一九五五年の二〇〜六九歳の男性有職者全体でオッズ比が九・五八だということはできない。サンプリング誤差があるからである。本当は、一〇・五かもしれないし、八・二六かもしれない。もっと大きい値やもっと小さい値、例えば二〇・一や二・一四かもしれない。

とはいえ、九・五八にくらべて、きわめて大きな値やきわめて小さな値である可能性は低い。なぜなら、例えば本当は二〇・一だとすると、二〇〜六九歳の男性有職者全体では、父主職がW雇上で本人現職はW雇上でない人（または父主職はW雇上でなく本人現職W雇上の人）はあまりいないにもかかわらず、たまたまサンプルとして多くぬきだしてきたことになるからである。こういうことは起こりうるが、起こる確率は低い。きわめて小さい値についても同様で、本当は二・一四だとすると、二〇〜六九歳の男性全体では父主職W雇上で本人現職もW雇上である人はあまりいないのに、たまたまサンプルとして多くぬきだしてきたことになる。この確率も低い。

こうした確率のちがいから逆算すれば、調査で得られた数値から、本来調べたい対象では大体どの辺に数値があるのかを推定することができる。これが「区間推定」の手続きであり、「どの辺」にあたるのが信頼区間である。

【解説】

例えば、五五年調査のオッズ比九・五八から九五％信頼区間をもとめると、六・〇八〜一五・一〇になる。これは、「五五年時点での二〇〜六九歳の男性有職者全体におけるW雇上のオッズ比は六・〇八から一五・一〇までの間にある」と九五％の信頼性でいえる、という意味である。

基準となる信頼性の値を下げれば、当然、区間の幅はもっと狭くできる。例えば、八五％信頼区間をもとめると六・八六〜一三・三八になる。

信頼区間というのは検定にくらべて明快そうだが、例えば「九五%の信頼性で」というのは厳密には何を意味するのか（例えば「確率」とはどうちがうのか）を考えていくと、やはりむずかしくなってくる。これについても、くわしくは専門書を読んでほしい。

5 サンプリング誤差以外の誤差

サンプル調査の結果から何かいうためには、他にも注意すべき点がいくつかある。

まず、SSM調査の場合、サンプリングには有権者名簿をつかっている。したがって、本来調べたい対象にあたるのは、厳密には「日本在住で日本国籍をもつ二〇〜六九歳の男女全体」や「日本在住で日本国籍をもつ四〇〜五九歳の男性全体」になる。「社会」の定義にもよるが、これは「日本社会の二〇〜六九歳の男女全体」「四〇〜五九歳の男性全体」と本当は一致しない。職業構成などでは、例えば日本国籍をもたないで働いている人たちがはいってくるからである。本来はこうした人たちもふくめて調査したいのだが、ランダム・サンプリングでは「本来調べたい対象」がすべて載っているリストが必要なので、現在のところ、日本在住の日本国籍者にかぎられてしまう。逆にいえば、現在の日本の産業社会において、きわめて大きな不平等の原因となりうるものが少なくとも一つ、調査外にある。

また、サンプリングした人を全員調査できるとはかぎらない。【解説1】の表からもわかるように、当初サンプリングした人の数（＝「設計標本数」）と実際に調査できた人の数（＝「回収標本数」）にはある程度の差がある。設計標本数に対する回収標本数の割合を「回収率」というが、SSM調査にかぎらず、現在の日本では、有権者名簿からランダム・サンプリングした場合、回収率は【解説1】の表程度になる。

したがって、ランダム・サンプリングをしても、実際に調査できたサンプル集団と本来調べたい対象との間には、サンプリング誤差以外の誤差が発生する。特に、二〇代の男女や三〇代の男性は一般に回収率が低い。四〇～五九歳に限定して本人四〇歳職で測るというやり方は、その点でも合理的なのである。

いずれにせよ、実際に得られた調査のデータには、サンプリング誤差以外のさまざまな要因が働いている。だから、検定や信頼区間といったサンプリング誤差のチェックも、あくまでも一つの目安にすぎない。その意味でも、統計の数値をうのみにするのは危険なのである。

調査年	W雇上	W雇下	全自営	B雇上	B雇下
1955年調査	9.584	4.040	3.769	3.186	5.891
1965年調査	5.695	2.502	2.976	2.217	2.264
1975年調査	4.107	2.595	3.930	3.337	1.810
1985年調査	3.937	2.720	3.817	2.879	2.850
1995年調査	4.062	1.777	3.296	2.577	1.662

表2・1　調査年ごと・父主職×本人現職のオッズ比

調査年	W雇上	W雇下	全自営	B雇上	B雇下
1955年調査	0.637	0.754	0.748	0.889	0.679
1965年調査	0.701	0.792	0.801	0.889	0.838
1975年調査	0.736	0.781	0.698	0.789	0.891
1985年調査	0.712	0.761	0.685	0.814	0.797
1995年調査	0.663	0.875	0.729	0.830	0.924

表2・2　調査年ごと・父主職×本人現職の開放性係数

調査年	W雇上	W雇下	全自営	B雇上	B雇下
1955年調査	0.265	0.174	0.245	0.091	0.223
1965年調査	0.234	0.130	0.189	0.083	0.100
1975年調査	0.209	0.130	0.254	0.123	0.067
1985年調査	0.215	0.149	0.263	0.124	0.149
1995年調査	0.261	0.082	0.218	0.123	0.065

表2・3　調査年ごと・父主職×本人現職のファイ係数

【資料】

出生年	W雇上	W雇下	全自営	B雇上	B雇下	W自営
1896〜1915年	9.425	2.360#	3.029	3.488	3.505	4.811
1906〜1925年	7.837	2.074#	2.562	3.226	1.103#	6.660
1916〜1935年	5.651	2.367	4.319	3.422	2.001#	7.847
1926〜1945年	4.318	2.290	3.287	4.403	3.498	8.944
1936〜1955年	7.885	3.284	3.689	3.275	0.916#	9.855

表2・4　出生年代別・父主職×本人40歳職のオッズ比
(#は対数オッズ比が「有意水準1％で有意」といえないもの)

出生年	W雇上	W雇下	全自営	B雇上	B雇下	W自営
1896〜1915年	0.615	0.862	0.773	0.889	0.802	0.812
1906〜1925年	0.556	0.844	0.832	0.845	0.987	0.744
1916〜1935年	0.613	0.926	0.661	0.800	0.876	0.660
1926〜1945年	0.688	0.831	0.717	0.709	0.706	0.657
1936〜1955年	0.482	0.632	0.701	0.779	0.916	0.594

表2・5　出生年代別・父主職×本人40歳職の開放性係数

出生年	W雇上	W雇下	全自営	B雇上	B雇下	W自営
1896〜1915年	0.268	0.081#	0.201	0.094#	0.129	0.186
1906〜1925年	0.267	0.090#	0.165	0.119	0.008#	0.248
1916〜1935年	0.268	0.094	0.277	0.104	0.061#	0.264
1926〜1945年	0.221	0.110	0.231	0.171	0.177	0.297
1936〜1955年	0.370	0.165	0.252	0.159	0.065#	0.337

表2・6　出生年代別・父主職×本人40歳職のファイ係数
(#はカイ2乗値が「有意水準1％で有意」といえないもの。
表2・4とのくいちがいは計算上の誤差による)

出生年	W雇上	W雇下	全自営	B雇上	B雇下	農業
1896〜1915年	0.225	0.099	0.169	0.028	0.014	0.465
1906〜1925年	0.211	0.126	0.137	0.032	0.105	0.389
1916〜1935年	0.267	0.110	0.297	0.017	0.058	0.250
1926〜1945年	0.241	0.118	0.259	0.024	0.088	0.271
1936〜1955年	0.370	0.101	0.202	0.067	0.067	0.193

表3・2　出生年代別・本人40歳職W雇上へ父主職からの流入率

【文献】

1 SSM調査関連

原純輔、二〇〇〇、「近代産業社会日本の階層システム」原純輔編『日本の階層システム1 近代化と社会階層』東京大学出版会
――、二〇〇〇、「SSM調査について」同右
原純輔・盛山和夫、一九九九、『社会階層』東京大学出版会
稲田雅也、一九九七、「職業系中等学歴の社会的位置づけの変遷」『教育社会学研究』61集
――、二〇〇〇、「日本的経営と長期雇用」原純輔編『日本の階層システム1 近代化と社会階層』東京大学出版会
今田高俊、一九九〇、『社会階層と政治』東京大学出版会
今田高俊・原純輔、一九七九、「社会的地位の一貫性と非一貫性」富永健一編『日本の階層構造』東京大学出版会
石田浩、二〇〇〇、「産業社会の中の日本　社会移動の国際比較と趨勢」原純輔編『日本の階層システム1 近代化と社会階層』東京大学出版会
石原英樹、一九九八、「威信スコア・威信ランクによる男性キャリアの分析」佐藤俊樹編『一九九五年SSM調査シリーズ2 近代日本の移動と階層：一八九六―一九九五』一九九五年SSM調査研究会
近藤博之、一九九八、「社会移動の制度化と限界」近藤博之編『一九九五年SSM調査シリーズ10 教育と世代間移動』一九九五年SSM調査研究会
宮野勝・高坂健次、一九九〇、「階層イメージ」原純輔編『現代日本の階層構造2 階層意識の動態』

東京大学出版会
直井優、一九七九、「職業的地位尺度の構成」富永健一編『日本の階層構造』東京大学出版会
佐藤俊樹、一九九四、「世代間移動における供給側要因：人口再生産と就業選好」『理論と方法』7巻2号
――、二〇〇〇、「『新中間大衆』誕生から二〇年」『中央公論』二〇〇〇年五月号
佐藤俊樹・石原英樹、二〇〇〇、「市民社会の未来と階層階級の現在」高坂健次編『日本の階層システム6　階層社会から新しい市民社会へ』東京大学出版会（近刊）
盛山和夫、一九八六、「社会移動の趨勢比較分析におけるログリニア・モデルと安田係数」富永健一編『社会階層の趨勢と比較』社会調査データ・バンク研究会
――、一九八八、「職歴移動の分析」『一九八五年社会階層と社会移動全国調査報告書1　社会階層の構造と過程』一九八五年社会階層と社会移動全国調査委員会
――、一九九〇、「中意識の意味」『理論と方法』5巻2号
島一則、一九九九、「高度成長期以降の学歴・キャリア・所得」『組織科学』23巻2号
粒来香・佐藤俊樹、一九九五、「戦間期日本における職業と学歴」『教育社会学研究』56集
都築一治編、一九九八、『一九九五年SSM調査シリーズ5　職業評価の構造と職業威信スコア』一九九五年SSM調査研究会
矢野眞和、一九九八、「所得関数の計測からみた教育と職業」苅谷剛彦編『一九九五年SSM調査シリーズ11　教育と職業―構造と意識の分析』一九九五年SSM調査研究会
安田三郎、一九七一、『社会移動の研究』東京大学出版会

【文献】

なお二〇〇〇年六月から、九五年SSM調査の分析をまとめたものとして、
『日本の階層システム1　近代化と社会階層』
『日本の階層システム2　公平感と政治意識』
『日本の階層システム3　戦後日本の教育社会』
『日本の階層システム4　ジェンダー・市場・家族』
『日本の階層システム5　社会階層のポストモダン』
『日本の階層システム6　階層社会から新しい市民社会へ』
が東京大学出版会から刊行される予定である。

2　それ以外（直接関連する文献のみ、入手しやすさを優先した）

天野郁夫、一九九六、『日本の教育システム』東京大学出版会
天野郁夫編、一九九一、『学歴主義の社会史』有信堂高文社
バリー、ジョナサン&ブルックス、クリストファ編、一九九八、『イギリスのミドリング・ソート』昭和堂（原著は一九九四年）
ブードン、レイモン、一九八三、『機会の不平等』新曜社（原著は一九七三年）
ブルデュー、ピエール&パスロン、ジャン＝クロード、一九九七、『遺産相続者たち』藤原書店（原著は一九六三年）
ドーア、ロナルド、一九六二、『都市の日本人』岩波書店（原著は一九五八年）

福留恵子、一九九七、「組織において『自由なコミュニケーション』がもつ意味」『組織科学』31巻1号
――、一九九九、「アウトソーシングからアウトサイド・ネットワークへ」『Works』34
花田光世、一九九三、「日本の人事制度における競争原理」『リーディングス日本の企業システム3　人的資源』有斐閣
八田達夫、二〇〇〇、「参入規制改革と所得再配分システム」『週刊東洋経済臨時増刊エコノミックス』

1

イクビア、ダニエル、一九九二、『マイクロソフト』アスキー出版局（原著は一九九〇年）
海保眞夫、一九九九、『イギリスの大貴族』平凡社新書
金子勝、一九九九、『セーフティーネットの政治経済学』ちくま新書
苅谷剛彦、一九九五、『大衆教育社会のゆくえ』中公新書
小池和男、一九九三、『アメリカのホワイトカラー』東洋経済新報社
金野美奈子、二〇〇〇、『ＯＬの創造』勁草書房
水谷三公、一九九一、『王室・貴族・大衆』中公新書
石川経夫編、一九九四、『日本の所得と富の分配』東京大学出版会
宮島喬、一九九九、『文化と不平等』有斐閣
宮本光晴、一九九八、『日本の雇用をどう守るか』ＰＨＰ新書
森清、一九八一、『町工場』朝日選書
村上泰亮、一九八四、『新中間大衆の時代』中公文庫
長島伸一、一九八七、『世紀末までの大英帝国』法政大学出版局

野村正實、一九九四、『終身雇用』岩波書店
尾高煌之助、一九八四、『労働市場分析』岩波書店
佐藤俊樹、一九九三、『近代・組織・資本主義』ミネルヴァ書房
――――、一九九六、『ノイマンの夢・近代の欲望』講談社選書メチエ
――――、二〇〇〇、「個別的にそして／あるいは全体的に」『現代思想』28巻1号
菅山真次、一九八七、「一九二〇年代重電機経営の下級職員層」『社会経済史学』53巻5号
橘木俊詔、一九九八、『日本の経済格差』岩波新書
――――、二〇〇〇、『セーフティ・ネットの経済学』日本経済新聞社
竹内章郎、一九九九、『現代平等論ガイド』青木書店
竹内洋、一九九一、『立志・苦学・出世』講談社現代新書
――――、一九九五、『日本のメリトクラシー』東京大学出版会
――――、一九九九、『日本の近代12　学歴貴族の栄光と挫折』中央公論新社
Thompson, Edward P., 1968, *The Making of English Working Class*, Pelican Books.

佐藤俊樹（さとう・としき）

1963年（昭和38年），広島県に生まれる．
東京大学文学部社会学科卒．東京大学社会学研究科博士課程中退．東京工業大学工学部社会工学科助教授を経て，現在，東京大学総合文化研究科助教授．社会学博士．専攻は比較社会学，日本社会論．
著書『近代・組織・資本主義』（ミネルヴァ書房，93年）
『ノイマンの夢・近代の欲望――情報化社会を解体する』（講談社選書メチエ，96年）

不平等社会日本《ふびょうどうしゃかいにほん》
中公新書 1537

2000年6月15日印刷
2000年6月25日発行

著　者　佐藤俊樹
発行者　中村　仁

本文印刷　三晃印刷
カバー印刷　大熊整美堂
製　　本　小泉製本

発行所　中央公論新社
〒104-8320
東京都中央区京橋 2-8-7
電話　販売部 03-3563-1431
　　　編集部 03-3563-3666
振替　00120-5-104508

ISBN4-12-101537-1 C1236

中公新書

社会・教育 II